NEW TOKYO
HOLIDAY

NEW TOKYO
HOLIDAY

散步新東京

ニュー東京ホリデイ
旅するように街をあるこう

作者・繪者
杉浦 爽
Sayaka Sugiura

有名的生起司蛋糕～…
Shirotae
杯墊和包裝紙的圖案都超級可愛。

開始在東京散步吧！

在一個假日，和朋友約好要去看展覽。

展覽的地點在銀座，出發前就先上網搜尋周邊店家。東銀座的「花山烏龍麵」看起來很不錯，也想在距離兩站、位在赤坂見附的「Shirotae（しろたえ）」喝杯茶。

我與好久不見的朋友一邊開心聊天、一邊喝茶，沒想到一踏出店門就下起小雨。

都難得來到這個平常很少造訪的街區了，就到附近的「新大谷酒店」走走吧！

結果，我們沉浸在美好的散步時光裡，抵達展覽地點時已經7點，將近是關門時間了。

啊～本來還想要多看一個展覽的。

但是，銀座這一帶有許多畫廊隱身其中，如同迷宮般的小巷弄實在有趣，我想要放慢腳步，好好探險一番。

我的假日通常有一個預定行程，不過常常因為像這樣半路逗留，經常無法如期完成計畫。

從赤坂見附往新大谷酒店的方向望去，
有一個小船塢佇立在弁慶橋旁。
有一個男高中生正在釣魚，畫面看起來十分平靜。
BOAT HOUSE
Boat house

Hotel New Otani
在新大谷酒店裡的
Garden Lounge
喝一杯飲料～

不過，帶著依依不捨的心情，用一種「下次再來」的遺憾作結，這樣的散步才是最開心的。

如果是在國外，想到這輩子也許不會再來第二次，可能會拚命走完全程，然後把自己搞得筋疲力盡。

書中我所走過的東京街道，不花上一整天的時間是無法走完的，可能還要來好幾次，有時候還是在不同的季節造訪。

即使是相同的街區，也會因為不同的日子、不同的天氣，甚至是一起散步的朋友不同，而看見不一樣的風景。

第一次散步可能不會發現這座牆面鑲有可愛的磁磚，或是被剛好休息的餐具店櫥窗吸引了目光，甚至是發現這條小巷子開滿了繡球花，可惜的是葉子已經開始變色了。

原來我居住多年的東京，還有這麼多等待我發現的事物啊！

就算是小小的一個街區，也遍佈著無數的可愛商店以及充滿魅力的小巷弄。

雖然是我多年來居住的城市，但只要多走幾步路，就會發現它的新面貌，反而會有一種走在陌生城市的感覺。

沒錯，心情就像是飛到了國外旅行！

走吧！讓我們一起漫步東京、出發旅行去！

Hanayama udon
咖哩沾麵的餐具…
做成狸貓形狀的容器！
圓滾滾的眼睛。
超級好吃的「鬼繩川」
寬麵。

目錄

散步新東京地圖

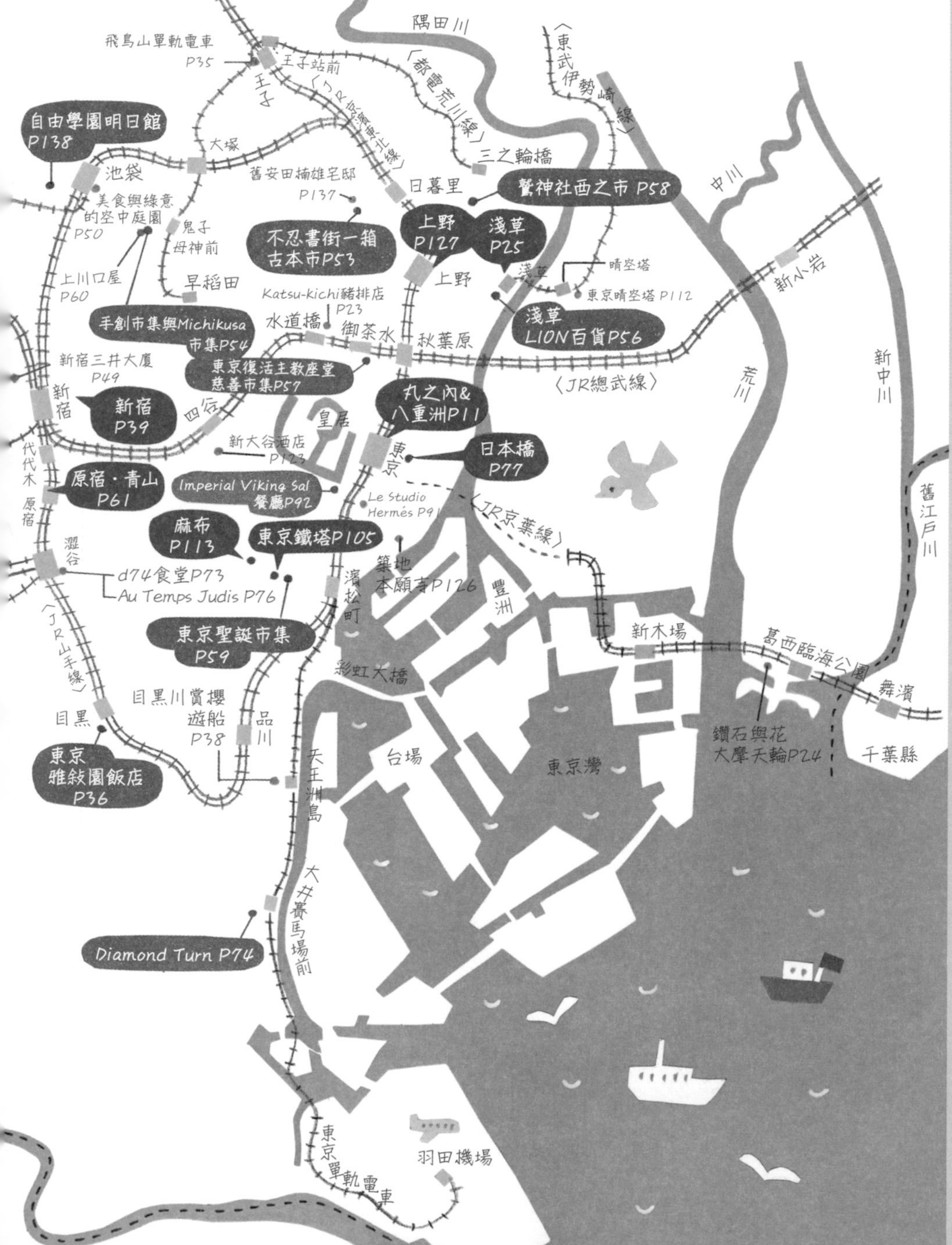
隅田川
〈都電荒川線〉
〈東武伊勢崎線〉
飛鳥山單軌電車
P35
王子站前
王子
〈JR京濱東北線〉
自由學園明日館
P138
大塚
三之輪橋
池袋
舊安田楠雄宅邸
P137
日暮里
鷲神社酉之市 P58
中川
美食與綠意的空中庭園
P50
鬼子母神前
上野
P127
淺草
P25
不忍書街一箱古本市P53
上川口屋
P60
早稻田
淺草
晴空塔
上野
東京晴空塔 P112
新小岩
Katsu-kichi豬排店
P23
手創市集與Michikusa市集P54
水道橋
御茶水
秋葉原
淺草
LION百貨P56
新宿三井大廈
P49
東京復活主教座堂慈善市集P57
〈JR總武線〉
新中川
荒川
新宿
新宿
P39
四谷
丸之內&八重洲P11
皇居
東京
新大谷酒店
P123
日本橋
P77
代代木
原宿・青山
P61
Imperial Viking Sal 餐廳P92
Le Studio Hermès P91
原宿
〈JR京葉線〉
舊江戶川
麻布
P113
東京鐵塔P105
澀谷
築地本願寺P126
d74食堂P73
Au Temps Judis P76
濱松町
豐洲
〈JR山手線〉
東京聖誕市集
P59
新木場
葛西臨海公園
彩虹大橋
舞濱
目黑川賞櫻遊船
P38
品川
目黑
鑽石與花大摩天輪P24
千葉縣
台場
東京灣
東京雅敘園飯店
P36
天王洲島
大井賽馬場前
Diamond Turn P74
東京單軌電車
羽田機場

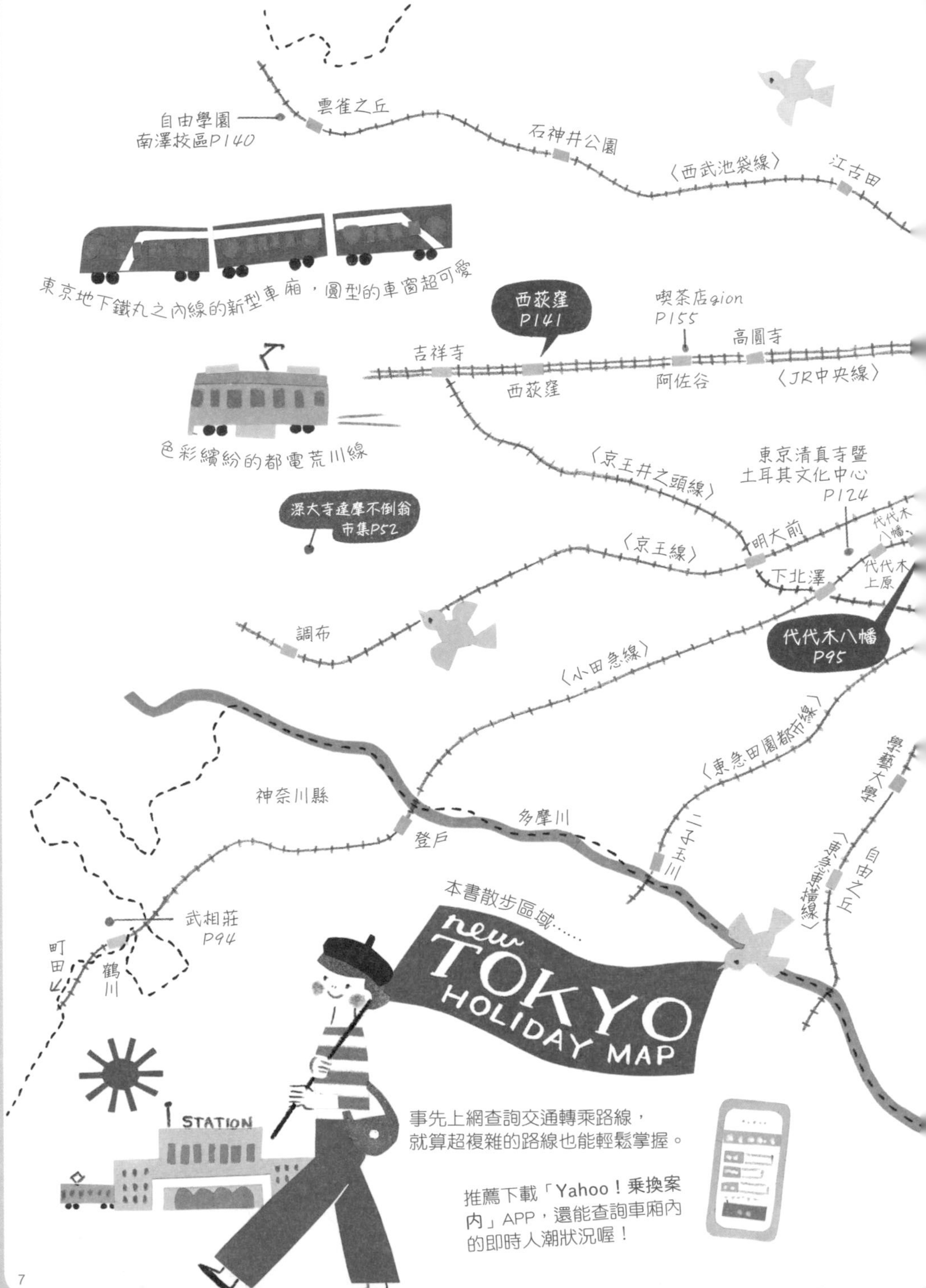

自由學園
南澤校區P140
雲雀之丘
石神井公園
〈西武池袋線〉
江古田
東京地下鐵丸之內線的新型車廂，圓型的車窗超可愛
西荻窪
P141
喫茶店gion
P155
吉祥寺
高圓寺
西荻窪
阿佐谷
〈JR中央線〉
色彩繽紛的都電荒川線
〈京王井之頭線〉
東京清真寺暨
土耳其文化中心
P124
深大寺達摩不倒翁
市集P52
〈京王線〉
明大前
代代木八幡
下北澤
代代木上原
調布
代代木八幡
P95
〈小田急線〉
〈東急田園都市線〉
學藝大學
神奈川縣
多摩川
登戶
二子玉川
自由之丘
〈東急東橫線〉
本書散步區域……
武相莊
P94
町田
鶴川
new TOKYO HOLIDAY MAP
STATION

事先上網查詢交通轉乘路線，
就算超複雜的路線也能輕鬆掌握。

推薦下載「Yahoo！乘換案內」APP，還能查詢車廂內的即時人潮狀況喔！

散步前的準備

準備地圖

剛開始採訪的那幾年，我一定會列印紙本地圖。
現在有手機APP很方便！

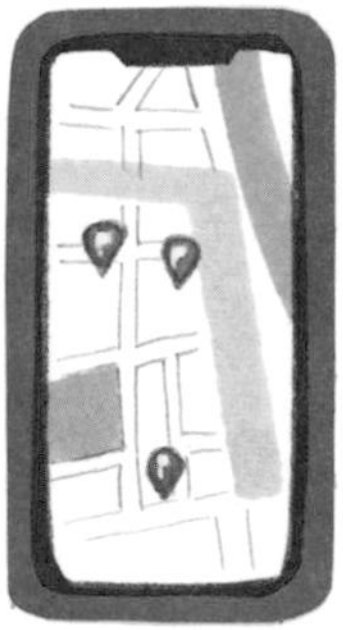

影印一份書中的地圖帶在身上，或是使用手機裡的地圖APP。我習慣使用「Google Map」，將想去的地點做記號並保存。

確認營業時間

查詢店家官網
或官方臉書等

用店名、地點或活動名稱搜尋，事先調查好店休日與營業時間。超人氣餐廳建議事先預約，才不會浪費時間。

※受新冠肺炎的影響，活動可能取消或是調整營業時間。

規劃行程

大致上先想好一個有效率的路線。我會將大略的時間表記錄在手機記事本裡。但事實上，不照計畫來走的路線更加有趣喔！

被白色花朵吸引而來的「Riyad Vintage」二手服飾店（P67）
好美啊……

早點起床吧～

位於池袋「手創市集」（P54）前的「egg東京」咖啡店

當天要前往特殊活動或美術館時，我都會早點起床。因為挑人潮少的時段比較舒服，又能好好享用早餐。

散步必備物品

GOODS

基本物品有錢包、手機、環保袋、裝有口紅的小化妝包，其他就根據季節和天氣來增減。

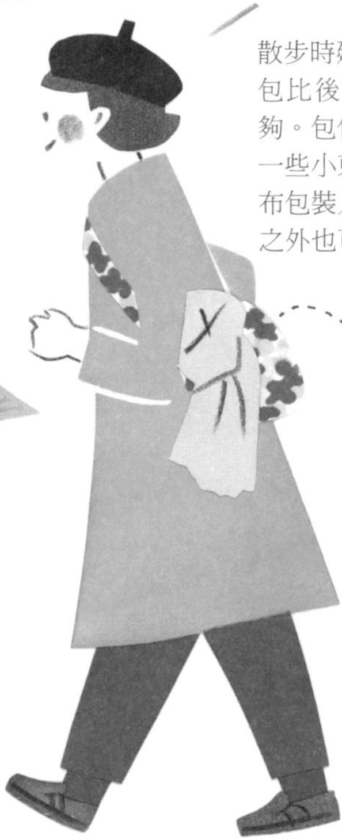

輕裝出門！

• 晴雨兩用折疊傘 •

只有90g的「KIU極輕量傘」，輕到像是沒有拿一樣。

• 折疊帽 •

「odds」的草帽

• 環保袋 •

可以折得很小放進包包，購於BTR（P121）。

• B5資料夾 •

用來保存可愛的餐巾紙或店家名片等紙製物品。

放入一張厚紙板

BAG

散步時建議使用斜背包，布製包比後背包輕盈，容量也足夠。包包裡的小束口袋可放入一些小東西，另外準備一個大布包裝入其他物品，方便拿取之外也可當作購物袋。

• 斜背包 •

「mina perhonen」的布製斜背包，有手提、斜背、肩背三種用法，還可以將披肩綁在上面。

• 束口袋 •

「Found MUJI青山」（P72）的印度刺子繡束口袋，也可以掛在肩上。

• 大布包 •

收納在小布包裡

「THE CONRAN SHOP」的亞麻布包（P43）

SHOES

因為要走很多路，絕不可缺少一雙好走的鞋子。

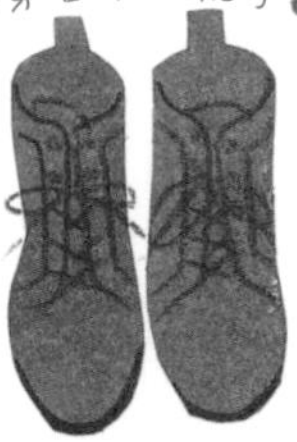

• 穿習慣的靴子 •

伯肯的靴子，我走到哪都最愛穿這雙

• 皮製懶人鞋 •

運動鞋偏好「NIKE」

＊書中所刊載的商品資訊、價格或品項有可能變更或停售。
飯店、餐廳以及各種店鋪的營業時間與相關服務皆有可能更動，
出發前請於官方網站確認。

TOKYO

東京的玄關口：丸之內＆八重洲

從「KITTE空中庭園」俯瞰整個東京車站……

東京車站擁有新幹線、地鐵、巴士與長途客運站，
除了是許多人旅行的起點，周邊也是美食與購物的聚集地。
平日的我總是因為通勤而匆忙經過車站周邊，
今天終於有機會可以放慢腳步好好逛逛了。

綠色街道

The Cafe by Aman
在「安縵東京」享用早餐。從宛如避暑勝地的樹林間隙中，眺望窗外的上下班風景。
聽得到鳥鳴聲……
超愛東京車站周邊的H小姐
藍莓優格
季節三明治
丹麥酥皮麵包
雖然是高級飯店裡的咖啡廳，但是菜單上的品項都可以單點，不會讓荷包大失血。

這真的是在大手町嗎？

◆安縵東京下午茶
千代田區大手町1-5-6大手町Tower 1 樓
http://www.aman.com/ja-jp/resorts/aman-tokyo/cafe-by-aman-experience
＊價格不包含服務費及稅金

東京車站經常被拿來當作是旅行的起點與終點。從成田機場出發，下車後抬頭仰望東京車站，有一種終於回家的感覺，不禁鬆了一口氣。要說東京車站周邊有什麼吸引人之處，就是它修整美觀、綠意盎然的道路。身為東京的玄關，雖然周邊是大樓密集的辦公區，卻隨處可見高大的樹木。

位在丸之內中央出口的行幸通，可以看見清澈蔚藍的天空以及連綿不斷的銀杏樹。在「丸之內紅磚廣場」坐下來享受微風吹拂，是我非常喜歡的一個角落。車站大樓、明治生命館、三菱一號館美術館等，這些從明治時期到昭和初期的大型建築物經過保存與重建，呈現整齊的街道容貌。帶有溫度的老建築與藍天綠樹的搭配，簡直可以說是完美無缺。

Gyoko street
從皇居一路延伸到東京車站的行幸通，
是舉辦皇室儀式典禮時的馬車專用道。
平常是行人專用道。
剛好遇到皇室舉辦重要典禮，
親眼看到華麗馬車在跑的樣子！

Marunouchi
Brick Square
三菱一號館美術館
具有古典氣息的咖啡廳
實在太酷了
Pink Sakurina
「粉紅之櫻」
法國育種公司，
以日本櫻花為形象
而命名的玫瑰花
玫瑰花的觀賞時節是5～6月、
10～11月
在甜點店ÉCHIRÉ MAISON DU BEURRE（1樓）購入一組印有ÉCHIRÉ標誌的陶瓷杯及50g的奶油塊，送給朋友當作禮物。
西班牙皇室御用巧克力品牌「CACAO SAMPAKA」（1樓）的巧克力霜淇淋。

◆丸之內紅磚廣場
（MARUNOUCHI Brick Square）
千代田區丸之內2-6-1
https://www.marunouchi.com/building/bricksquare/

美麗的東京車站

太令人興奮了！
太酷了！
「KITTE」商場內的舊東京中央郵局局長室，館內還規劃了寫信區。

東京車站不愧為日本車站之首，擁有為數眾多的商業設施，我已經數不清來過幾次。東京車站在二〇一二年大規模改建，曾經燒毀的南北圓頂屋頂經過復原重建，得以重現一九一四年當時的樣貌。我還記得第一次站在圓頂屋頂下方時的那份感動，讓我至今無法忘懷。每次經過下方時，都感到心情愉悅，甚至覺得十分驕傲。

東京車站的正面雄偉壯麗，但是若要從高處眺望，我建議可以到「KITTE」商場。不管是從六樓的屋頂花園「KITTE GARDEN」俯瞰，還是從四樓的舊東京中央郵局局長室側面觀看，都能感受到它美麗的身影，晚上的夜景也很迷人。

北圓頂屋頂的正下方是「TOKYO STATION GALLERY」，能近距離看到車站創建當時的紅磚牆及美麗的裝飾，是欣賞東京車站的最佳地點。

「KITTE」商場是將舊東京中央郵便局改建而成的建築物，但仍保存了一些原有的樣貌。商場裡的書店販售有可愛的生活雜貨，還有許多魅力商店。

◆KITTE
千代田區丸之內2-7-2　https://marunouchi.jp-kitte.jp/

Tokyo Station Gallery

只有東京車站才有的紅磚牆展示廳

工作人員的藍色大衣很好看。
來自芬蘭的藝術家Rut Bryk的展覽，作品太精采了。館內部分空間允許拍照。

舊美術館開館時（1988年）的吊燈。

從二樓的商店迴廊往下看車站大廳。

迴廊的圓頂天花板展示著12生肖的浮雕，但是為了表示方位，實際只有8個生肖。

上面有我的生肖喔！有找到你的嗎？

把郵件投遞在「丸之內中央剪票口」這個車站造型的郵筒中，就會蓋上東京中央郵局的郵戳。

1. 5. 24
東京中央

◆TOKYO STATION GALLERY
千代田區丸之內1-9-1
東京車站丸之內北口剪票口前
https://www.ejrcf.or.jp/gallery/

東京車站周邊購物

グランスタ GRANSTA商場

位於東京車站地下1樓，範圍從八重洲一側延伸到丸之內，是站內最大的購物區。在八重洲這一區主要販賣便當與伴手禮，丸之內這一帶則有許多可愛的生活雜貨。

◆GRANSTA
千代田區丸之內1-9-1 JR東日本東京站內地下１樓・１樓（剪票口內）
https://www.gransta.jp/

官方吉祥物「Fukuramuchan」的樑柱，就在GRANSTA丸之內剪票口外的葡萄酒專賣店「ENOTECA」前方。

◆Fukuramuchan的周邊商品◆

「OSAJI」的半熟皂，有很好的保濕效果。

「SHARED TOKYO」的印花大手帕。

N eustadt brüder

聚集了國內外文具，從基本款、時髦款到玩味性質的文具，永遠不會看膩。

捷克的「Centropen」

金銀色馬克筆

樸素的鋼筆

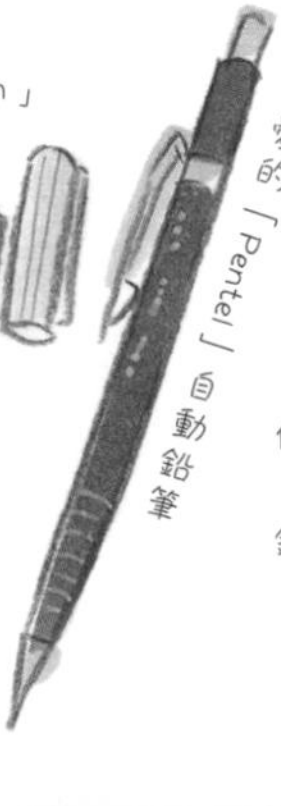

我喜愛的「Pentel」自動鉛筆

俄羅斯「Erich Krause」的釘書針

お弁当 便當

坐新幹線前，逛一下便當賣場就會感到心情愉悅。

超人氣豬排店「MAiSEN邁泉豬排」將大家熟悉的會面點「銀色鈴鐺」圖案當作店家標誌，口袋三明治「腰內肉豬排加蛋」是這裡的限定商品。

H小姐超愛「豆狸」的芥末豆皮壽司

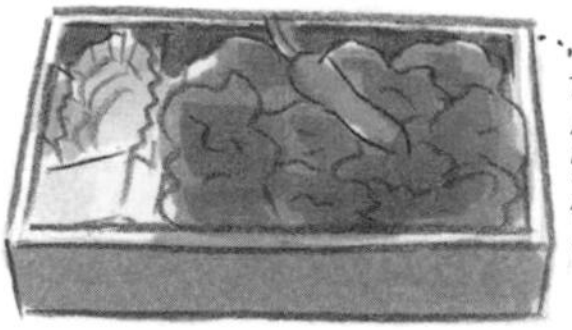

大人氣便當

便當店「eashion」採用西班牙產的bellota頂級伊比利豬，美味極了！

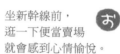

日本百貨店 TOKYO

集結日本各地與東京的好物，
甜點區很有意思。

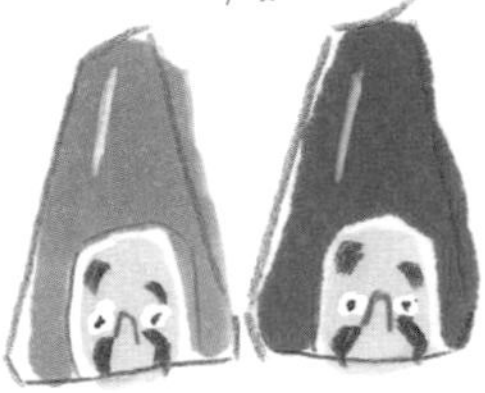

新潟「最上屋」的不倒翁造型三角最中餅。不論是包裝紙、包裝盒或內容物都超可愛。

老公的家鄉佐賀也很少看到的「尾崎人形陶瓷玩偶」。

也有東京當地的伴手禮！

おみやげ 伴手禮

新宿「但馬屋咖啡店」的滴濾式咖啡

寫著TOKYO字樣的托特包

本鄉「Sumiredo」的米餅。

皇居外苑商品專賣店「KUSUNOKI」的超人氣「皇居外苑銅鑼燒」，印有皇室的菊花紋章。

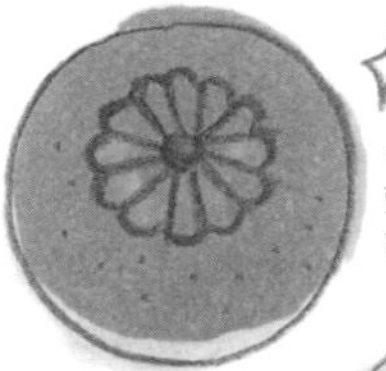

＊皇居外苑商品專賣店「KUSUNOKI」已結束營業。

位在便當區的「崎陽軒」燒賣肉包，小小的肉包很適合當下酒菜。

「Fairycake Fair」的限定商品。「Fairy Cream Wich夾心餅乾」可愛又好吃。

大丸

八重洲北口外的「大丸東京店」，地下1樓的Hoppe Town充滿琳琅滿目的東京伴手禮！

「神田志乃多壽司」的盒裝壽司，不僅美味，還有谷內六郎的畫作（包裝紙上面是鈴木信太郎）！

春日與谷中知名的「mammies an sourire」手工蘋果派

「駒込中里」的炸最中餅，口感酥脆，只有總店和這裡才買得到。

◆大丸東京店
千代田區丸之內1-9-1
http://www.daimaru.co.jp/tokyo/

丸之內&八重洲用餐

朝ごはん 早餐

Aroma咖啡

從八重洲口一直延伸到日本橋附近的「八重洲地下街」，稱為「Yaechika（ヤエチカ）」。儘管這裡不斷有新店鋪開張，1970年開業的Aroma咖啡至今仍屹立不搖。沒有華麗的排場，但餐點用心且美味，是一間很棒的咖啡廳。

虹吸式咖啡送到客人面前倒給你
超美味的單片滑蛋三明治，吃得到胡椒香氣！還附贈咖啡凍。

早餐組合

附紅豆泥

點飲料再加100日圓，就附贈鬆軟的厚片吐司！

◆Aroma咖啡（アロマ珈琲）
中央區八重洲2-1八重洲地下街4號
（八重洲地下1番通）
https://aromacoffee.co.jp/yaesu.html

昼ごはん 午餐

Brasserie VIRON丸之內店

在著名的「VIRON」小酒館午餐，享用無敵美味的長棍麵包，有一種恍如身在巴黎餐酒館的感覺。

裝扮十分俐落的服務生

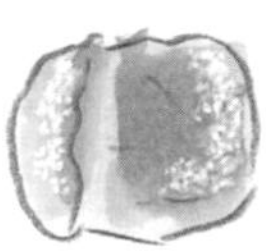

長棍麵包與形狀各異的波蘭種鄉村麵包，很適合當作伴手禮。

VIRON

◆Brasserie VIRON 丸之內店
千代田區丸之內2-7-3 東京大樓L TOKIA 1樓

豬排佐燒烤芥末醬
蘋果酒
不論幾個都吃得下
香煎鮮魚佐奶油白醬
金目鯛與鱸魚非常好吃！
VIRON
午餐選一個主餐+麵包，價格在¥1800～2000左右，主菜每天更換，有三種選擇。

晚餐 夜ごはん

Bistro Grill Chateau

店內每個角落都是復古的燈光
以及木製的工藝品，相當可愛！
每道菜都好豐盛
1750日圓
沒有通心粉的海鮮焗烤，
分量剛剛好。

創立於1961年的日式西餐廳。店內復古懷舊的木質裝潢，配上老闆娘溫和又親切的笑容，讓人感到放鬆極了。餐點是令人懷念的好味道，完全滿足味蕾，讓人想要一訪再訪的老店。

隱身於小巷弄的風格令人興奮

◆Bistro Grill Chateau
已搬離八重洲舊址，新址在東京港區新橋2-16-1 NEW新橋大樓B1
https://chateau.owst.jp/gallery

極品香料飯，米飯粒粒分明，非常可口。

喝茶 お茶

INODA COFFEE
東京大丸分店

承襲京都總店的氛圍，
絕不會讓INODA的粉絲失望。
風景超棒，我也想在這裡享用早餐～

奶茶與綜合果汁

◆INODA COFFEE
東京大丸分店
大丸東京店8樓
https://www.daimaru.co.jp/tokyo/restaurant/8f_cafe_inodacoffee.html

東京的假日

大江戶骨董市

大江戶古董市集

大約有250個攤位，場面熱鬧。
這裡綠意盎然，逛起來非常舒服。

復古裝扮的兩人
好想要那個包包～
女兒

◆大江戶古董市集
千代田區丸之內3-5-1【東京國際論壇大樓】
https://www.antique-market.jp/
每月第1、第3個星期日舉辦，
可能更改日期或視天氣狀況取消，
詳情請至官網確認。

戰利品

像是扮家家酒一樣的小盤子，是明治時代製造的瀨戶燒和美濃燒，1個1000日圓。
法國的竹編盤1000日圓
簡直就是一卡皮箱走天下的小店家，所有商品都好可愛，讓我不禁駐足許久。
樸素的竹雛人偶1000日圓
小店家的商品全部擺放在這裡
800日圓
200日圓
寫有「Love Me」的迷你藥盒
採用「印判」手法製作的盤子，繡球花圖案相當少見。

皇居外苑

廣大的草坪上遍布著2000棵黑松樹，這裡有販賣伴手禮和咖啡的「楠公招待所」。

◆**皇居外苑**
千代田區皇居外苑1-1
https://fng.or.jp/koukyo/

お弁当 便當

人氣店家「Meet矢澤」的漢堡排便當，即使冷掉還是美味多汁。

讓人大滿足的好味道，含稅1800日圓。

老店「日本橋弁松總本店」的牛五花，甜鹹口味最適合搭配日本酒享用。1300日圓。

在大丸購買的啤酒♡

上次是和朋友來這裡散步，幾天後我再度和家人一起來到東京車站，目的是「大江戶古董市集」。地點在東京國際論壇大樓的一樓廣場，這是東京都內最大的露天古董市集。市集聚集了老店家以及年輕老闆經營的古董店，可以同時體驗到兩種風格。有種類繁多、商品隨意堆疊的店家，也有些店鋪東西不多，但是商品非常有質感。每個攤位都具有獨特的風格，光是走走看看就很開心。

難得來到東京車站，午餐時間決定買便當在皇居外苑裡野餐。從前我經常趁旅行之便，購買車站內GRANSTA商場或是「駅弁屋祭」的餐點，這次特地挑選「大丸東京店」的便當。我們坐在皇居外的大草坪廣場上悠閒野餐，放眼望去都是黑松樹，就這樣度過了一個完美的假日。

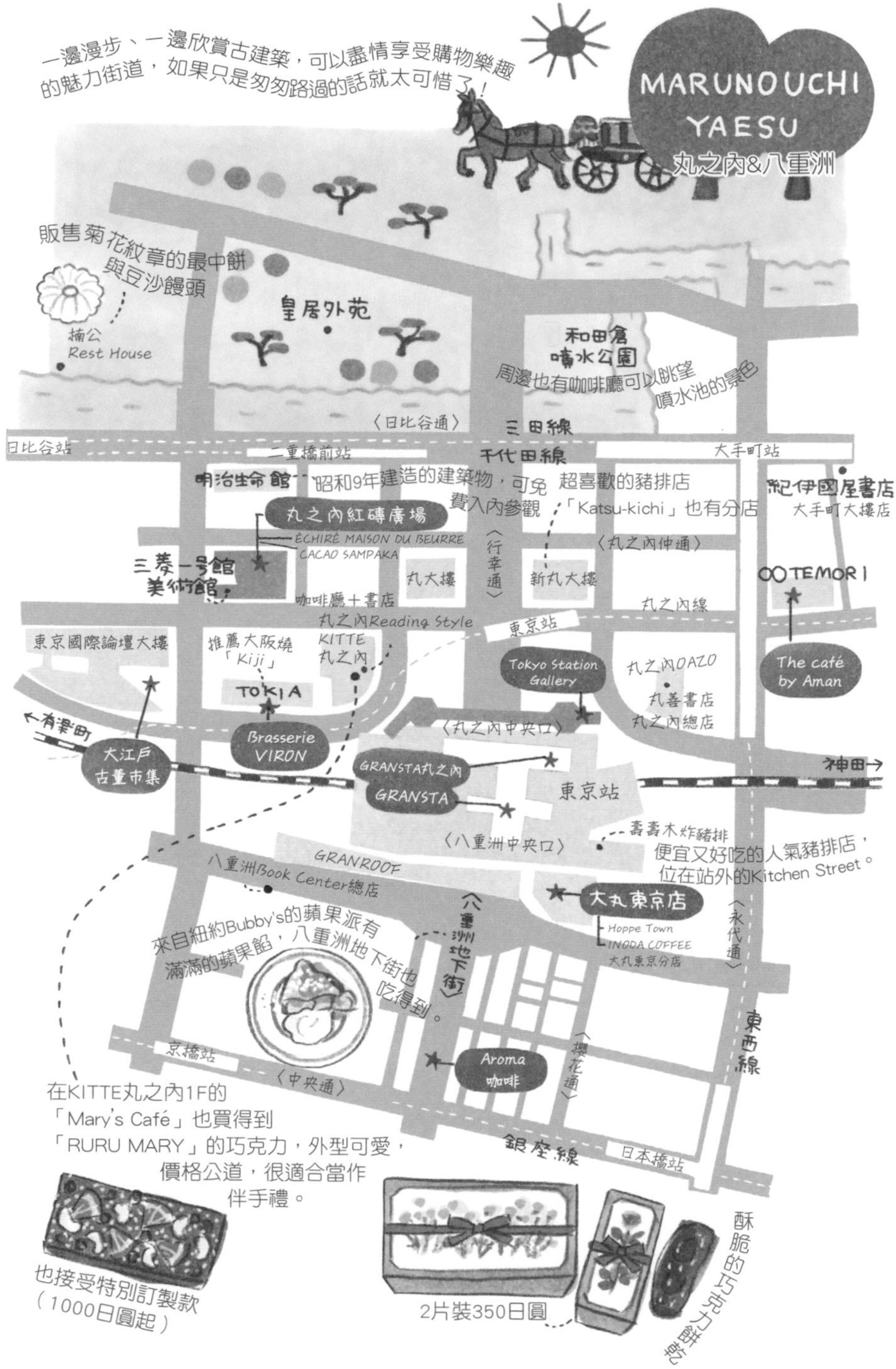
一邊漫步、一邊欣賞古建築，可以盡情享受購物樂趣的魅力街道，如果只是匆匆路過的話就太可惜了！
MARUNOUCHI
YAESU
丸之內&八重洲
販售菊花紋章的最中餅與豆沙饅頭
楠公
Rest House
皇居外苑
和田倉
噴水公園
周邊也有咖啡廳可以眺望噴水池的景色
〈日比谷通〉
三田線
日比谷站
二重橋前站
千代田線
大手町站
明治生命館
昭和9年建造的建築物，可免費入內參觀
超喜歡的豬排店「Katsu-kichi」也有分店
紀伊國屋書店
大手町大樓店
丸之內紅磚廣場
ÉCHIRÉ MAISON DU BEURRE
CACAO SAMPAKA
三菱一号館美術館
〈行幸通〉
丸大樓
新丸大樓
〈丸之內仲通〉
OOTEMORI
咖啡廳＋書店
丸之內Reading Style
丸之內線
東京站
東京國際論壇大樓
推薦大阪燒「Kiji」
KITTE
丸之內
Tokyo Station Gallery
丸之內OAZO
丸善書店
丸之內總店
The café by Aman
TOKIA
←有樂町
Brasserie VIRON
〈丸之內中央口〉
大江戶古董市集
GRANSTA丸之內
GRANSTA
東京站
神田→
〈八重洲中央口〉
壽壽木炸豬排
便宜又好吃的人氣豬排店，位在站外的Kitchen Street。
GRANROOF
八重洲Book Center總店
大丸東京店
Hoppe Town
INODA COFFEE
大丸東京分店
〈永代通〉
〈八重洲地下街〉
來自紐約Bubby's的蘋果派有滿滿的蘋果餡，八重洲地下街也吃得到。
東西線
京橋站
〈中央通〉
Aroma
咖啡
〈櫻花通〉
在KITTE丸之內1F的「Mary's Café」也買得到「RURU MARY」的巧克力，外型可愛，價格公道，很適合當作伴手禮。
銀座線
日本橋站
也接受特別訂製款（1000日圓起）
2片裝350日圓
酥脆的巧克力餅乾

同場加映!!

かつ吉豬排店

Katsu-kichi（水道橋）

P22所介紹的「かつ吉豬排店（Katsu-kichi）」是位於新丸大樓的分店（新丸ビル店）。我對這家店有特別的感情，因為我去區公所遞交結婚申請書的那一天，也去了同一家店的水道橋店。因此，現在我一有機會就會到此用餐，是我的口袋名單之一。下北澤的豬排店「かつ良（Katsu-yoshi）」，就是在這家店拜師學藝後獨立開業的。

高級的里肌豬排超級美味，店內質樸的藝術風格裝潢也深得我心。

同場加映!!

鑽石與花大摩天輪

Diamond & Flower Ferris Wheel
（葛西臨海公園）

夜晚時分，搭上成田機場出發的巴士，葛西臨海公園的「鑽石與花大摩天輪」的彩燈夜景總會映入眼簾。它是東京都內最高的摩天輪，在空中轉一圈總共要花費17分鐘。隨著年紀增長，我變得懼高，搭乘摩天輪時反而坐立難安。公園裡有著寬闊的海灘與水族館，在這裡可以輕鬆度過一個愉快的假日。

可以清楚看到對岸的迪士尼樂園

摩天輪就佇立在寬闊的廣場上，
可以恣意地躺在草皮上欣賞風景。

ASAKUSA

懷舊的淺草之旅

我最喜歡「淺草花屋敷」的摩天輪，號稱是日本最小的摩天輪（註）。

左邊是以啤酒杯為設計概念的朝日啤酒大樓，右邊為金色火焰設計的「Super dry hall」。

雷門的正式名稱是「風神雷神門」。

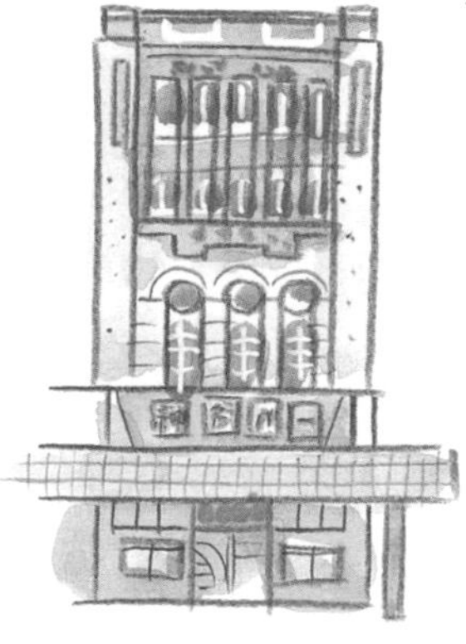

大正10年建造的「神谷bar」大樓。

東京地下鐵銀座線4號出口的寺廟造型屋頂，建於昭和2年。

我的前作《東京Holiday》採用了淺草的景象當作封面。
這個讓東京人引以為傲的街區，這次也要好好介紹一番。
淺草的老店鋪擁有江戶人的性格，總是熱情地接待客人。

註：摩天輪現已拆除。

淺草的從早到晚

受到戰爭災害燒毀的本堂，重建於昭和33年，現在是鋼筋水泥構造。
朋友H小姐

◆**淺草寺** 台東區淺草2-3-1

藍天白雲下的淺草寺十分迷人，到了下午五點左右，本堂關門後的夜晚氣氛也很棒。

在日本，每年7月9日、10日稱為「四萬六千日」，在這兩天前來參拜，等於參拜了四萬六千日的功德。

穿過雷門，走上參道兩側小店林立的仲見世通商店街，總是被海外遊客及校外教學的學生擠得水泄不通。越過第二個寶藏門，映入眼簾的即是本堂莊嚴的瓦片屋頂。不論到訪幾次，每次看到這片屋頂，我的內心依然感到悸動，淺草寺果真是一座宏偉的寺廟。

每次到淺草寺的慣例就是求籤，我搖動銀色箱子，掉出來的棒子上寫著「百」。哇！感覺就是一個吉利的數字。但當我拉開寫有「百」的抽屜、拿出籤詩，上面竟然是「凶」。我在淺草寺抽到「凶」的籤詩已有三、四次，忍不住向寺廟職員發牢騷：「抽到『凶』的比例也太高了吧！」他回答：「抽到『凶』的機率大概是三成，但是如同籤詩所說，運勢是會隨著品性改變的」。「凶」的機率只有三成，那我……也許人生就是如此。我將寫著「凶」的籤詩綁在指定的地方，一邊提醒自己，「做人千萬不可以自以為是」。

我時而仰望天花板的仙女圖，時而從本堂俯瞰參道。光是去淺草寺參拜，就有一種散步已經完成一半的滿足感。

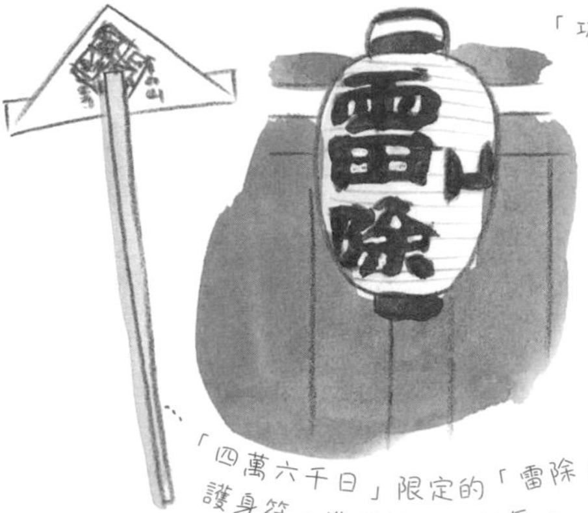

在7月9日、10日兩天的「功德日」，淺草寺境內會舉行象徵夏季的「酸漿花市」。

「四萬六千日」限定的「雷除」護身符，造型簡樸又帥氣。

頂著飛機頭造型的豪邁大姐。

仲見世通的葫蘆&紅色燈籠。

上面的圖案是用來固定木材的ㄇ型釘。

很喜歡仲見世通的「木村家人形燒本鋪」鴿子圖案的門簾，超級可愛。

拉開籤詩抽屜的那一瞬間，我忍不住笑了出來。

似乎自古以來的籤詩都有一定的吉凶比例分配。不過，H小姐抽到大吉！

在仲見世通專賣江戶趣味小玩具的「助六」商店購物。

與朋友飼養的貓長得很像的招財貓，我買了一個當作伴手禮。
我給自己買了桃太郎，連包裝紙都很可愛！
小巧精美的東西太多了，我逛到都忘了時間。

歷史悠久的咖啡廳

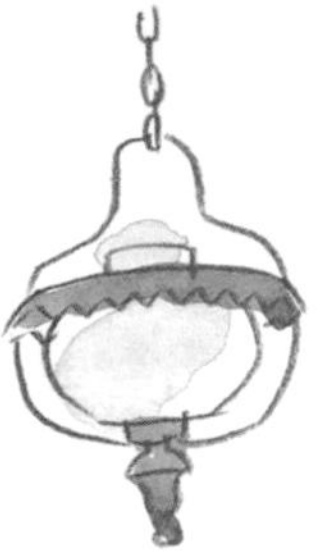

銀座巴西 銀座ブラジル

從二樓的咖啡店俯瞰新仲見世通商店街。

加有香腸與培根的熱狗三明治
元祖炸雞套餐
1000日圓
分量十足，香酥多汁，搭配醃漬小菜超對味！
這家店所有東西的味道都剛剛好呢……

◆銀座巴西
台東區淺草1-28-2 2樓

淺草是昭和時代咖啡廳（日本稱為「喫茶店」）的寶庫，有不少歷史悠久的老店。這次我所造訪的兩家店都深受當地人喜愛，極具淺草風格。

首先是開在淺草，卻命名為「銀座巴西」的咖啡廳，創業於昭和23年。店內氣氛佳、餐點也很美味，老闆娘親切的服務讓人感到賓至如歸。

另一間隱身在小巷裡的「Aroma咖啡店」，是同行友人H小姐帶我來的，她說她一直很想來看看，但每次都被老客人占滿了位子。這間咖啡廳只有吧檯坐位，初次造訪的我們卻感覺舒適極了。老闆夫妻的盛情款待，讓我們度過一段輕鬆愉快的時光。

除了老店復古懷舊的氣息令人放鬆，還有不斷持續開張的新店鋪，例如「Pelican cafe」。新舊並存的淺草，真的是讓人每一次到訪都會發現新鮮事的美好街區。

珈琲アロマ Aroma咖啡店

只要造訪過一次，任誰都會愛上的一家店。
下次想要品嘗用「Pelican」麵包製作的
吐司系列餐點。

清爽順口的咖啡
必喝的新鮮果汁！
第一次品嘗
杏子果汁，
味道相當爽口。
好喝到忍不住跟店家
要食譜

動作俐落的老闆，太帥了！
水煮蛋
60日圓

◆Aroma咖啡店（珈琲アロマ）
台東區淺草1-24-5

ペリカンカフェ

Pelican咖啡廳

昭和17年創業的「Pelican麵包店」於2017年開設了咖啡廳，可在北歐系風格的店內享用頂級的麵包餐點。

Pelican

炭烤吐司套餐，含稅650日圓。沙拉為另外加點。

跟朋友都忍不住讚嘆「果然好吃」！
每天吃都不會膩，單純的好味道～

Pelican

想吃到Pelican的麵包，最好前一天就要事先預約，
才不會空手而回。我買了吐司與麵包卷，
女兒吃的很開心！

◆Pelican咖啡廳
台東區壽3-9-11

淺草・可愛雜貨

淺草是日本傳統小物「手拭巾」的激戰區。這家店二樓的藝廊會定期舉辦展覽，不僅有日本的作品，還有展示並販賣來自印度或非洲的工藝品以及藝術家的手工作品。

かまわぬ 淺草店
KAWAMANU淺草店

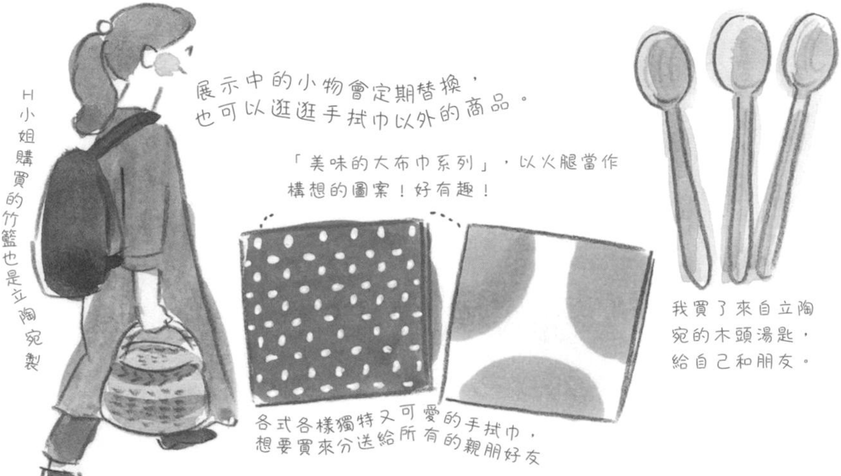

H小姐購買的竹籃也是立陶宛製
展示中的小物會定期替換，
也可以逛逛手拭巾以外的商品。
「美味的大布巾系列」，以火腿當作
構想的圖案！好有趣！
我買了來自立陶宛的木頭湯匙，
給自己和朋友。
各式各樣獨特又可愛的手拭巾，
想要買來分送給所有的親朋好友

◆KAWAMANU（かまわぬ）淺草店
台東區淺草1-29-6　https://kamawanu.jp/shop/

洋菓子レモンパイ
洋菓子
檸檬派
lemon pie
店內設有小型用餐區。

1981年開業的塔派專賣店。
店面外觀就好像從漫畫家陸奧A子老師筆下所描繪的一樣，超可愛！

レモンパイ

包裝紙或招牌，都有一股
酸甜滋味～
鬆軟可口的檸檬派，
檸檬的香氣和酸味十足。
入口即化的巧克力
蛋糕，令人驚豔的
好滋味。

◆Lemon Pie（レモンパイ）
台東區壽2-4-6
https://lemonpie-asakusa.com/

這家店是吸引我來淺草的原因之一。
喜歡可愛商品的輕熟女，
可以在店內找到你想要的東西。

フーコ
Fu-ko服飾店

H小姐挑選的是手工編織品牌「SWISH!」的編織玩偶。
H小姐買的貓
我們家也有小女生喔
我一眼就愛上老闆身上
內田MISHIN設計的寬鬆長褲。
我購買了丹寧布材質，H小姐則是選了羊毛材質

◆Fu-ko（フーコ）
台東區壽2-4-6
http://fu-koshop.com/

CEDOKzakkastore
CEDOK生活雜貨店

店內擺滿來自捷克的雜貨與繪本，值得一看。店內同時設有兩個藝廊，經常舉辦活動。

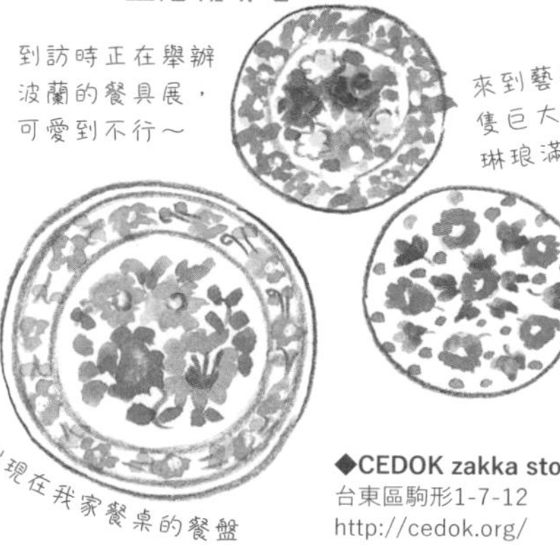
到訪時正在舉辦
波蘭的餐具展，
可愛到不行～
經常出現在我家餐桌的餐盤

來到藝廊二樓，這裡有一隻巨大的鼴鼠Krtek，也有琳琅滿目的周邊商品。

◆CEDOK zakka store
台東區駒形1-7-12
http://cedok.org/

在老店用餐

駒形どぜう

駒形Dozeu

創業於1801年，已有200年以上的歷史，可說是老店中的老店，平日晚上總是擠滿剛下班的上班族。

據說因為深信諺語「柳樹下第二隻泥鰍」而種植的柳樹。
註：日本諺語，意指同樣的好事不會出現第二次。
放入滿滿的牛蒡和蔥，再加入醬汁，太滿足了。沒有腥味且肉質軟嫩，超級美味！
どぜ
印有店名字樣的碗。

店裡的服務生年輕又有朝氣！
之前和母親前來時，是坐在榻榻米座席區，散步後順道來用餐，瞬間趕走散步的疲累。
店裡使用重現江戶時代的長木板桌。

◆駒形Dozeu浅草本店
（駒形どぜう）
台東區駒形1-7-12
https://www.dozeu.com/

グリルグランド
Grill Grand

創業於昭和16年的日式西餐廳，我們全家都是這家店的超級粉絲。一樓是西式座位，二樓是日式榻榻米座席，方便帶小孩的客人。店裡的所有餐點都很美味！

我特別喜歡他們的豬排咖哩。
另外裝盤的豬排也可以沾其他醬汁食用。
女兒也吃得很起勁，蛋包飯幾乎吃光！
當時3歲

天藤

創業於明治35年。坐在吧檯區，可以一邊看廚師料理，一邊享用天婦羅。老闆的態度十分親切。

由於店面小，只接受小學生以上的孩童入店。
盛裝天婦羅定食的器皿閃閃發光。
滑菇味噌湯，讓人懷念的好滋味！

◆Grill Grand（グリルグランド）
台東區淺草3-24-6
https://grill-grand.business.site/

◆天藤
台東區淺草1-41-1

從鰻魚飯、天婦羅到西餐與日式點心，淺草集結了許多歷史悠久的老店，從江戶時代開始，淺草的門前町即十分繁榮，水路航線也很發達，因此容易取得豐富的新鮮食材，曾經是東京文化的中心。

「駒形Dozeu」是母親很喜歡的一家泥鰍鍋老店，我們曾一起到訪。一樓是有名的榻榻米座席，但是因為腰痛，所以那次就選擇地下一樓的一般座位。與安靜的榻榻米座席區相比，這裡顯得更熱鬧。好久沒享用的泥鰍鍋，年輕時還不懂得欣賞它的美味。

以前我總是興趣缺缺的天婦羅，也是在邁入40歲以後才開始喜歡。這麼說來，之前我還去了一間從來沒去過、但是很受遊客歡迎的天婦羅蓋飯餐廳。淋上日式醬油後會變得黑漆漆的天婦羅，口感十分軟綿。我實在很好奇，江戶風的天婦羅真的是這個味道嗎？於是過幾天我又挑戰一次，這次我來到了「天藤」。這裡的天婦羅雖然也沾滿了醬汁，卻仍保有香酥爽脆的口感，我的味蕾徹底被征服了。

天婦羅店或日式西餐廳的名店比比皆是，每一家我都想要嘗試看看。

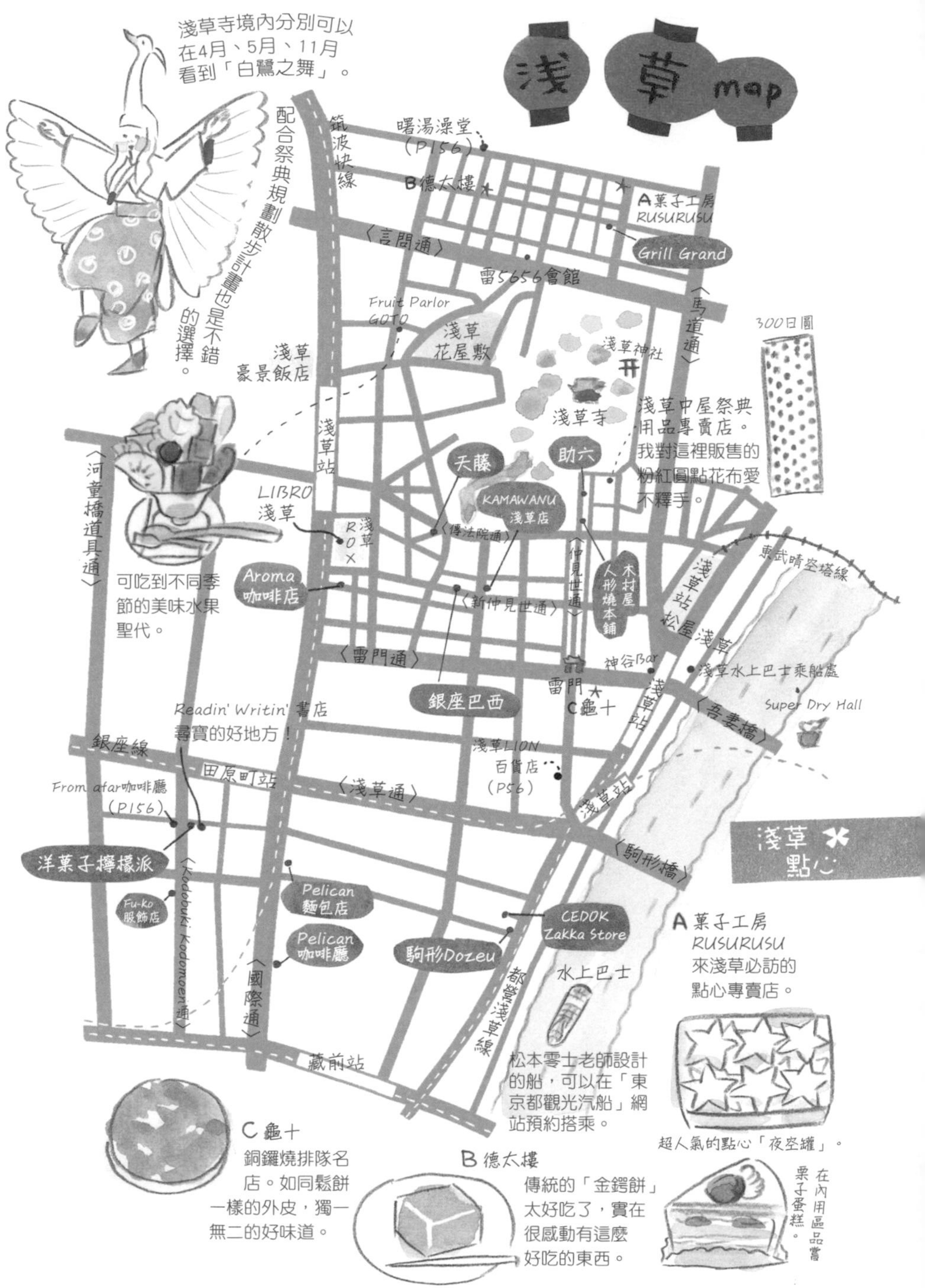

淺草map
淺草寺境內分別可以在4月、5月、11月看到「白鷺之舞」。
配合祭典規劃散步計畫也是不錯的選擇。
筑波快線
曙湯澡堂（P156）
B德太樓
A菓子工房RUSURUSU
〈言問通〉
Grill Grand
雷5656會館
〈馬道通〉
Fruit Parlor GOTO
淺草花屋敷
淺草豪景飯店
淺草神社
淺草寺
300日圓
淺草中屋祭典用品專賣店。我對這裡販售的粉紅圓點花布愛不釋手。
淺草站
天藤
助六
KAMAWANU淺草店
LIBRO淺草
ROX
淺草
〈傳法院通〉
〈河童橋道具通〉
東武晴空塔線
Aroma咖啡店
可吃到不同季節的美味水果聖代。
〈新仲見世通〉
〈仲見世通〉
木村屋人形燒本舖
淺草站
松屋淺草
〈雷門通〉
神谷Bar
淺草水上巴士乘船處
雷門
C龜十
銀座巴西
淺草站
Super Dry Hall
Readin' Writin' 書店
尋寶的好地方！
〈吾妻橋〉
銀座線
田原町站
淺草LION百貨店（P56）
From afar咖啡廳（P156）
〈淺草通〉
淺草站
淺草點心
洋菓子檸檬派
〈駒形橋〉
〈Kotobuki Kodomoen通〉
Fu-ko服飾店
Pelican麵包店
CEDOK Zakka Store
Pelican咖啡廳
駒形Dozeu
〈國際通〉
都營淺草線
水上巴士
A菓子工房RUSURUSU
來淺草必訪的點心專賣店。
藏前站
松本零士老師設計的船，可以在「東京都觀光汽船」網站預約搭乘。
超人氣的點心「夜空罐」。
C龜十
銅鑼燒排隊名店。如同鬆餅一樣的外皮，獨一無二的好味道。
B德太樓
傳統的「金鍔餅」太好吃了，實在很感動有這麼好吃的東西。
在內用區品嘗栗子蛋糕。

同場加映!!

飛鳥山單軌電車

Asuka Parkrale（王子）

淺草的水上巴士是我在東京很喜歡的交通工具之一，但是位在飛鳥山公園的「日本最短」單軌電車更加令我印象深刻。從王子站前的乘車處，賞櫻勝地的飛鳥山公園入口，最高到最低的高度相差17.4公尺，單趟車程只要2分鐘，還能看到東京都的路面電車「荒川線」，視野很棒。

「飛鳥山單軌電車」通稱為「ASUKARUGO」（アスカルゴ）。公園內還展示著D51蒸汽火車以及路面電車（可入內參觀）。

東京的龍宮城

東京雅敘園飯店

扣人心弦的花藝作品不容錯過，依照季節不同還有櫻花與芒草。

入口走到底就是「招大門」。走吧！邁向夢想的國度！

◆ 洗手間 ◆

極盡奢華的洗手間。金箔的蒔繪（註）與螺鈿工藝，廁所個人間的天花板還有微笑美人圖。

註：蒔繪是一種日本傳統工藝技術，在漆器上以金、銀、色粉等材料所繪製而成的紋樣裝飾。
螺鈿，是一種在漆器或木器上鑲嵌貝殼或螺螄殼的裝飾工藝。

◆百段階梯◆

再次來訪時，館內正在舉辦插花展。

天花板、窗戶以及燈飾，讓人目不暇給！

這個隔間繪有花草、魚類以及水果等美味食物，是我最喜歡的房間。

星光之間

漁樵之間

檜木柱子上的雕刻是中國民間故事「漁樵問答」的場面，極富色彩活力。

「舊目黑雅敘園」在一九二八年以純日本料理餐廳起家，是以不動產致富的細川力蔵先生號召著名的日本畫家和工匠，極盡奢華打造而成的空間。直至今日，內部仍然保留著日本平成初期大規模整修後的絢麗美術品，雅敘園被歌頌為「昭和龍宮城」的樣貌，依然清晰可見。

一走進來，我就被巨大的「招大門」所震撼，掛在上方的「目黑雅敘園」匾額是從舊目黑雅敘園的入口搬遷而來的。第一次造訪百段階梯時，剛好在舉辦女兒節的雛人形展，當我踏上百段階梯時，彷彿進入異次元的世界而興奮不已。

百段階梯保留了當時創立的模樣，沿著99層檜木樓梯往上，並列著7個不同主題的房間，只要預約飯店住宿、餐廳或是配合飯店的主題活動就可以參觀。面向階梯的電梯，裡外全是光彩奪目的螺鈿工藝，像是進入一個超夢幻的空間，帶你進入一個奇幻夢境。

參訪期間，飯店正舉行「早晨瑜伽」活動，可以在掛滿一級美術品的和室宴會廳裡（如左圖）做瑜伽，之後再去享用早餐。有機會的話，請務必來體驗看看這個豪華的早晨活動。

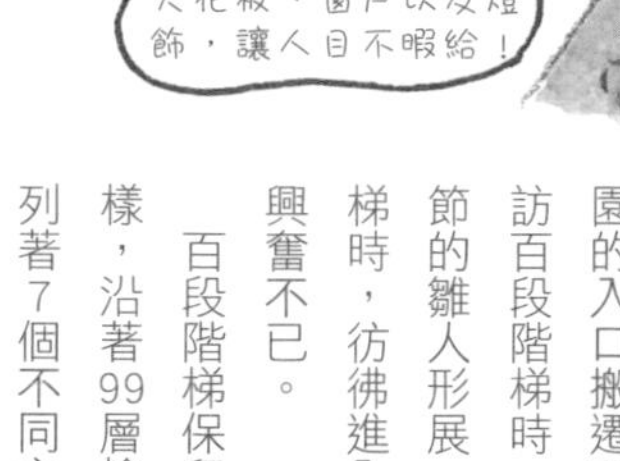

◆東京雅敘園飯店
目黑區下目黑1-8-1
https://www.hotelgajoen-tokyo.com/

同場加映!!

目黑川賞櫻遊船

Meguro River Cruise（天王洲）

與朋友一行12人搭上「目黑川賞櫻遊船」，從天王洲島站出發，通過目黑川水門，抵達大崎後再返回目黑，是一趟歷時70分鐘的遊船行程。有別於以往岸上的人潮擁擠，這次可以在河面上悠然賞櫻，再配上買來的啤酒，好不快活。

也會經過東京雅敘園飯店喔！

SHINJUKU

最熟悉的街道：新宿

最喜歡在新宿車站地下道漫步
●東口地下道●有一面魚與鳥的磁磚畫
從中央東口穿過「LUMINE EST」，往「Metro Promenade」延伸的通道。

我住在JR中央沿線已經很久了，新宿可以說是我在東京最熟悉的繁華地帶。隨著城市變化，車站還保留部分完整的老建築，雖然它看起來有點雜亂無章，卻是讓我心靈得以平靜的主要因素。

●西口地下廣場●
一九六六年由坂倉準三設計的建築物一角還保留著。磁磚的配色很可愛～

早晨之森

一大早就有許多外國觀光客
白臉山雀也在早上散步！
新南口的「NEWoMAN」早上8點就有店家營業，可順便買早餐。也推薦站內店鋪「EKINAKA」裡面的「wa's sandwich」、「沢村」以及「Robuchon」等麵包店。

從新宿車站步行10分鐘，就能抵達腹地廣大的「新宿御苑」，這片寬闊的土地，原本是德川家康的家臣「內藤清成宅邸」的一部分。明治39年成為皇室庭園，昭和24年開始對外開放。除了茂密的森林與草坪廣場，還有日式、英式、法式、泰式等各國風格的庭園，我特別喜歡來這座公園。

我真正感受到御苑的魅力，是在有了小孩以後。在車站附近買好便當，就和朋友一起前往御苑野餐，我們時而悠閒地躺在草地上，時而與孩子們在樹林間奔跑。

今天在早上開園後不久便獨自前來，當我漫步在陽光灑落的森林裡時，實在不敢置信這裡就是新宿的中央地帶。早晨的御苑，實在太美好了！我吸取滿滿的芬多精，感覺全身充滿了元氣。

也可以在春天賞花……

圓形的花朵好可愛～
4月中旬盛開的
八重櫻真的太漂
亮了，我帶著便
當來賞櫻。
✱禁止帶酒入內。

5月的新宿御苑側門有一片伯利恆
之星花園，宛如神話中「黃泉之國」
的光景…

大木戶門旁的溫室，裡面寧靜美麗，非常值得一看。
從連結通道上面可以眺望蕨類植物。

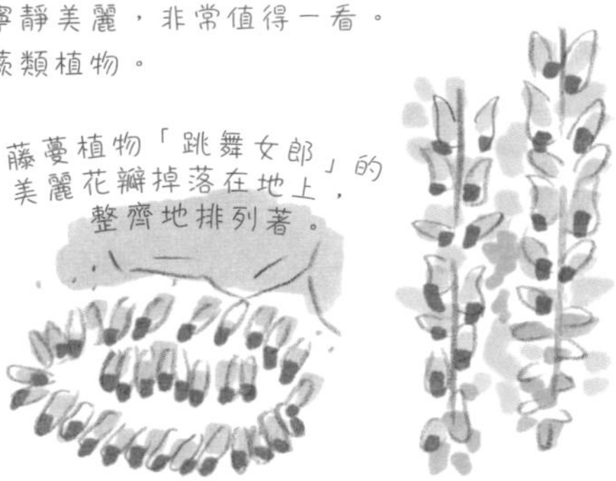
藤蔓植物「跳舞女郎」的
美麗花瓣掉落在地上，
整齊地排列著。

昭和２年完工的台灣閣，是
在台日本人贈與的建築物，
可以從這裡遠眺庭園風景。

◆新宿御苑
新宿區內藤町11番地
https://fng.or.jp/shinjuku/access/

園內建造給皇族的休息室，是具有歷史性的建築物，日式風格的維多利亞建築相當吸睛。

優雅的午後時光

PARK HYATT TOKYO

● 經典下午茶Signature Stand 2500日圓／1人 ●

三層點心架＋各式茶飲
無限品嘗

義式香烤麵包、三明治、
墨西哥捲餅
香濃紮實的司康真是太美味了！
三種蛋糕

✱THE PEAK LOUNGE Afternoon tea✱

餐點內容會依照季節有所變動。下午2點以後的下午茶，服務生會拿著裝有小點心的托盤輪桌巡迴（5000日圓）。

◆PARK HYATT TOKYO
（東京柏悅酒店）
新宿區西新宿3-7-1-2
＊價格不含服務費與稅金

✱DELICATESSEN✱

位在 1 樓的「DELICATESSEN」，
夏天提供美味的下酒菜菜單，
可享受美味的精釀啤酒與開胃菜。

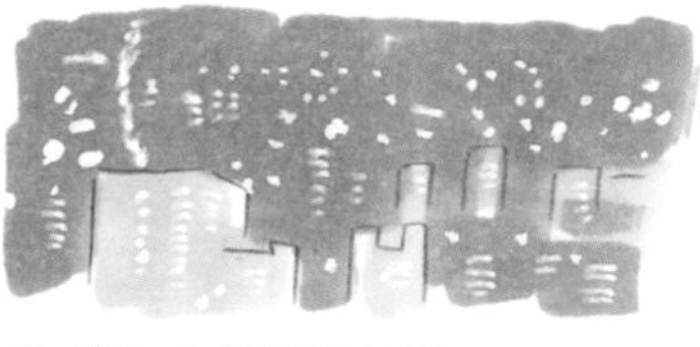

建議喝過啤酒後可以到PEAK LOUNGE
點一杯茶，這裡的夜景特別迷人。

附贈擺盤精緻的西班牙下酒菜♡
✱菜單每年更換。

THE CONRAN SHOP

與「東京柏悅酒店」一樣，「新宿Park Tower」裡的店鋪也走高級雜貨路線。在這裡到處走走逛逛，是專屬於我的幸福時光。

買了餐刀給自己…
Cutipol是來自葡萄牙的品牌
H小姐
THE CONRAN SHOP
H小姐一直想要「Cutipol」的叉子與湯匙，我買下來送給她當作生日禮物。
大容量的原創亞麻購物袋，一開始覺得白色款很漂亮，最後選擇了接近米色的灰色款。

◆THE CONRAN SHOP 新宿本店
新宿區西新宿3-7-1
https://www.shinjukuparktower.com/floor/all.html#conran

WE
除了有飯店的接駁車到「新宿Park Tower」，也可以搭乘小型通勤巴士。
「新宿WE巴士」
從巴士裡欣賞街景感覺很新鮮！

20幾歲時，我很喜歡到不同地方隨意亂走亂逛，邁入30歲以後，與學生時期的朋友H小姐最常一起逛街的地方是新宿。因為目的是購物，所以我們常常從「伊勢丹」百貨一路逛到「Lumine」打烊為止（當時的關店時間是晚上10點），幾乎不會踏出百貨公司半步。我來新宿都是這樣度過的，雖然我只固定在某一區塊活動，但我還是要向各位介紹我喜愛的這個街區。

這天我和H小姐約在「東京柏悅酒店」見面。自從幾年前造訪夏季限定的PARK BREWERY啤酒節之後，我就成為這間飯店的粉絲，今天則是第一次體驗他們的下午茶。不過這並非傳統的下午茶時間，而是從中午開始，限定兩個小時的輕食餐點。

從41樓「PEAK LOUNGE」望出去的視野，沐浴在挑高天窗灑落的陽光下，有一種奢侈的氛圍。想要暫時脫離日常的紛擾，來這裡再適合不過了。附帶一提，PARK BREWERY啤酒節物超所值，絕對讓你滿意。

玩樂三丁目

巷子口有相聲藝人
造型的街燈。
末広通り
末廣亭
觀眾席兩側是鋪有榻榻米的木板看台。
末広通り
平日中午也有不少客人。
隔壁的洋食屋提供的
蛋包飯有媽媽的味道。

◆**末廣亭**
新宿區新宿3-6-12
https://suehirotei.com/

◆**Beefsteak House Azuma**
（ビフテキ家あづま）
新宿區新宿3-6-12藤堂大樓1樓．B1
https://azuma-shinjuku.owst.jp/

來到新宿我大部分是從車站往「伊勢丹」百貨的方向移動，活動範圍幾乎集中在新宿三丁目。新宿車站的地址也是位在三丁目，它的範圍一直延續到畫具專賣店「世界堂」前方的十字路口。

三丁目的小巷弄裡至今仍有許多歷史老店，使得昔日的街道風貌得以保存。老店中具代表性的「末廣亭」建於昭和21年，是東京唯一一個木造建築的「寄席」（能觀賞到各種日本傳統娛樂的表演場地，包含漫才、落語等等）。「末廣亭」的表演場次分為白天和晚上，就算當天才購買票券，也有機會入內觀賞。表演內容除了落語，還有漫才魔術等豐富的傳統藝術。

體驗完日本傳統藝術表演後，位在隔壁的日式洋食屋「ビフテキ家あづま」提供分量十足的餐點，可填飽飢腸轆轆的肚子，你也可以選擇到附近的居酒屋享受不同的氣氛。啊～真希望這富有懷舊氣息的街道，能夠永遠被保留下來。

IL Bacaro

是一間能品嘗道地委內瑞拉料理的餐廳。店內入口處的立飲區有趣、好吃又便宜！

下班後獨自前來的歐吉桑或女性客人還不少。
告訴我這間店的是愛喝酒的小P。小酌一番就走～
生火腿、豌豆加上2杯氣泡酒，只要1000日圓！

Donzoko どん底

三島由紀夫與黑澤明也曾經光顧的歐風居酒屋，開業於昭和26年。

被常春藤覆蓋的外牆

店內宛如地窖的設計，坐在吧檯區讓人感到放鬆，不自覺地與隔壁的人聊起來。

◆**IL Bacaro**
新宿區新宿3-4-8 京王frente新宿3丁目B2
https://ilbacaro.gorp.jp/

50年的歐吉桑老主顧請我吃的鰈魚翅。

boil

走上這棟素雅的住商混合大樓6樓，一個美麗新世界隨即出現在眼前。狹小的空間被歐洲古老的生活用具塞滿，我馬上就沉浸在挖寶的樂趣裡。

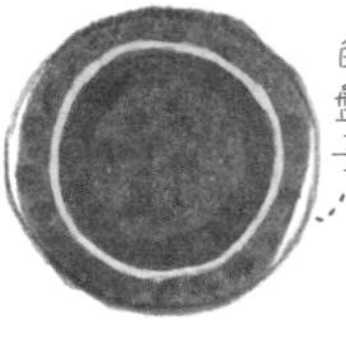
「ARABIA」的盤子

具有懷舊氣氛的樓梯

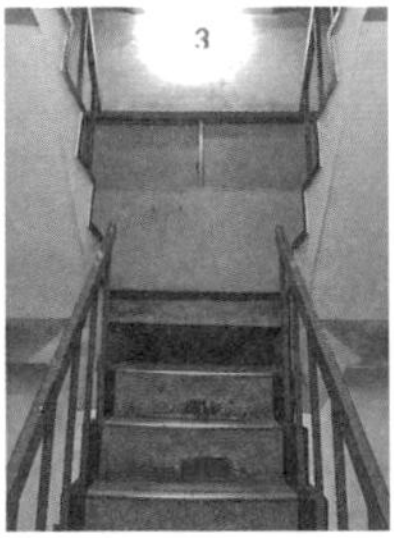

光想到它的用途就很開心。
小芥末匙
法國的量杯

◆**Donzoko（どん底）**
新宿區新宿3-10-2
http://www.donzoko.co.jp/

◆**boil**
新宿區新宿3丁目1-32 新宿大樓3號館6樓
https://boil-zakka.tumblr.com/

具有震撼力的格子狀
木製天花板！
高麗菜的畫
美味的牛肉燴飯。軟嫩的牛肉
搭配香甜的洋
蔥，口感醇厚。
加上奶油濃湯高麗菜卷的
套餐，1700日圓（含稅）
櫃檯販賣的
火柴♡10日圓

アカシア

ACACIA

1963年開業的ACACIA，是一間以奶油濃湯高麗菜卷出名的西餐廳。裝潢使用大量木材以及柔和的圓角設計，我一眼就愛上。

喧囂的巷弄裡突然出
現的古典風格建築。

◆ACACIA（アカシア）
新宿本店
新宿區新宿3-22-10
https://www.restaurant-acacia.com/

BERG

供應到下午5點的午間套餐。
外皮酥脆的熱狗堡。
500日圓

從JR新宿站東口出來，馬上就會看到很受歡迎的啤酒咖啡店「BERG」。我很享受獨自一人在這裡喝啤酒的時光。

隔壁喝著白酒的女性所等待的對象，是穿著制服的女兒，真羨慕她們母女倆的好感情！

店內設有立飲
區，但是沙發區
剛好有座位，真
的太幸運了。
好喝又便宜！

◆BERG
新宿區新宿3-38-1 LUMINE 新宿店B1
https://www.berg.jp/

新宿的俄羅斯

這天就以一直想來的餐廳當作散步的結尾。
スンガリー（SUNGARI）創業於昭和32年，48年時遷移至現址。店內宛如洞窟般的古典風格，散發出濃濃的俄羅斯情調，讓人有一種身在異國的錯覺。

スンガリー
東口本店

SUNGARI
東口本店

來自俄羅斯的
漂亮店員♡

草莓與蘋果
櫻桃
玫瑰
3種果醬
俄羅斯紅茶附

奶油磨菇湯
俄羅斯酥皮奶油湯

俄羅斯醃鮭魚
醃燻鮭魚乳酪可麗餅

餐廳前可愛的樓梯

◆**SUNGARI 新宿東口本店**
新宿區歌舞伎町2-45-6千代田大樓B1

3700日圓的套餐，誠意十足的大分量！
每一道菜的味道都很棒，
非常好吃～

俄羅斯高麗菜卷
烏克蘭風高麗菜卷

羅宋湯
手作俄羅斯大麥麵包

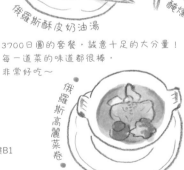

新宿

順便去看看舊新宿SUBARU大樓的「新宿之眼」，距離P39描繪的西口地下廣場很近。

回憶橫丁（思い出横丁）和黃金街（ゴールデン街）聚集了許多外國觀光客，是越夜越熱鬧的地方

西武新宿線
西武新宿站
大久保醫院
SUNGARI 東口本店
副都心線
ACACIA 新宿本店
黃金街
花園神社
丸之內線
新宿西口站
回憶橫丁
B 凡
東口地下道（P39）
〈靖國通〉
「東京柏悅酒店」、「新宿PARK TOWER」接駁巴士乘車處
HALC百貨
ALTA百貨
紀伊國屋書店 新宿本店
末廣亭
Donzoko
新宿L TOWER
新宿站
西口地下廣場（P39）
〈東口〉
〈西口〉
伊勢丹
都營新宿線
Book 1st新宿店
C RANBURU
〈中央通〉
A 咖啡西武
丸井百貨
新宿三丁目站
大江戶線
都廳前站
新宿之眼（地下）
小田急
京王
新宿站
LUMINE EST
大塚家具
新宿三丁目站
世界堂
新宿三井大廈
55 HIROBA
大江戶線
LUMINE
LUMINE 2
〈南口〉
BERG
IL Bacaro
〈新宿通〉
東京都廳
小田急線
boil
新宿站
京王新線
NEWoMan 〈新南口〉
新宿門
京王線
Bakery & Restaurant 澤村
高島屋
〈明治通〉
新宿PARK TOWER
THE CORAN SHOP
新宿御苑

新宿 喝茶的好地方

新宿お茶どころ

C RANBURU

古典的地下空間讓人感到放鬆，想要一訪再訪的好店

B 自家焙煎珈琲 凡

走入地下室是一處安靜的咖啡空間。一壺可以喝兩杯。

器具講究，還附帶一張說明卡

A 咖啡西武

1964年開業，昭和時期的大型咖啡店。

鮮紅色的沙發，讓人一坐就是好幾個鐘頭。

復古的聖代是店內人氣商品，不過我更推薦它的戚風蛋糕。

同場加映!!

新宿三井大廈員工歌唱比賽

Nodo Jiman（新宿）

每年的八月底，「新宿三井大廈」的「55 HIROBA」會展開為期三天的「新宿三井大廈員工歌唱比賽」，這是自1974年大樓完工以來就一直持續至今的傳統。承租該大樓的各企業員工在舞台上的高水準表現，加上加油團在碎紙機的紙屑漫天飛舞中互相較勁，台下的觀眾也會感到熱血沸騰。

廣場周邊的觀眾人山人海！
雖然是免費活動，但是
非常受歡迎，甚至需要
限制入場人數。

同場加映!!

美食與綠意的空中庭園

kūchū teien（池袋）

「西武百貨池袋本店」的屋頂是我很喜歡的一個景點。這裡完美重現了法國的莫內庭園，有著大片綠色植栽、四季花朵綻放的迷人風景。園內也有遊樂器具、草坪廣場以及美食區，可以度過一段美好的悠閒時光。

除了時髦的餐飲店，還有從昭和43年營業至今的烏龍麵老店「KARUKAYA（かるかや）」。

GO TO MARKET

逛市集去！

「青山農夫市集Farmer's Market」每週末在青山通國連大學前方的廣場舉辦。當天我剛好外出辦事，順道繞過去逛逛，喝杯啤酒喘口氣。
市集裡有產地直銷的青菜水果還有小點心，適合買來當做伴手禮！也有二手衣與古董喔！

你知道嗎？東京到處都有市集！包括季節性市集、古董市集、慈善拍賣會等等。把這些好玩的市集規劃到你的散步路線裡，保證可以度過一個美好又充實的假日！

深大寺達摩不倒翁市集（調布）

註：「達摩不倒翁」為一種吉祥物擺飾，達摩擁有消除厄運以及心想事成的力量。

深大寺的達摩不倒翁市集在每年3月3日、3月4日舉辦，配合「厄除元三大師」的祭典，大約有三百個販售不倒翁的攤販。
紙箱裡面，全部堆滿了不倒翁。

「達摩不倒翁開眼所」
購買達摩時，達摩的兩眼皆為空白，所謂的開眼，是請和尚在不倒翁的眼睛寫下梵文。購買時寫下梵文的「阿」字，心願達成後再寫下梵文的「吽」字。
超級小的迷你不倒翁……

深大寺周邊大約有20家蕎麥麵店。吃完蕎麥麵到隔壁的神代植物園散步，冬天剛好可以看到梅花盛開。
吃蕎麥麵最推薦「深水庵」。
顏色具有層次的梅花。

◆深大寺
調布市深大寺元町5-15-1

抱著不倒翁的招財貓好可愛！
美女版的「阿龜不倒翁」
也有多家店鋪販賣懷舊玩具「多摩張子」。

註：阿龜是日本一種傳統面具，特色是雙頰圓而飽滿的女人臉孔。

不忍書街一箱古本市（谷中、根津、千駄木）

註：「古本市」為日文「二手書市集」之意。

現在已從東京擴展到日本的「一箱古本市」，起源地就是在這裡。把二手書裝進一個個紙箱，再抱著紙箱來這裡販賣，形成一條街都是小小書攤的景象。

皮箱、木箱，真的都是「一箱」呢！
在商店前的屋簷下擺攤。
可以向店家索取地圖，一邊看地圖一邊散步。
MAP 2019

根津教會前也成為二手書會場。一邊散步在千駄木、谷中、根津這一帶充滿老建築的巷弄間裡，一邊逛二手書，儼然是一種悠閒的享受。

1919年建造的木造教堂。
我在這裡買了有關提洛爾民族服飾的二手書。
買い食い
買零食
邊走邊吃…
柔軟的好滋味～
「根津金太郎飴」的黃豆粉口味糖果。
「大平製麵包」的熱狗麵包。

◆**不忍書街一箱古本市**
（不忍ブックストリート一箱古本市）

手創市集與MICHIKUSA市集（雜司谷）

手創市集◆

每個月都會舉辦。11月鬼子母神堂的銀杏已換上秋色，非常美麗。

在連接鬼子母神堂與大鳥神社的院子裡，排列著幾個可愛的攤位，販售手工藝品。每一個店家老闆都好親切，溫暖的氣氛包圍了整個市集。

◆手創市集
豐島區雜司谷3-15-20

購物

這裡販售各式各樣的布製品、木工、乾燥花、飾品等可愛小物，感覺就像是在尋寶。

「harihari」製作的乾燥花圈與美麗花束掛飾。
黃銅與淡水真珠混製而成的手工耳環。
出自「前田洋工作室」的木碗，裝什麼都可以。
2000日圓
朋友買了用尤加利葉編成的門鈴吊飾。

食物

專賣麵包、司康還有小點心的店家擠在狹小的空間裡，聖誕節前夕還有販售德國的特色聖誕蛋糕「Stollen」。

名為「COCOFULU」的攤位裝飾得超可愛。
柳橙與伯爵茶口味的磅蛋糕
坐在院內的貓頭鷹石椅上享用蛋糕。

MICHIKUSA市集 ◆

穿過鬼子母神堂的參道後，接著前往二手書市集。這個市集沿著商店街擺攤，一年大約舉辦5次，小小的二手書攤一字排開，看起來像是在街上舉辦的文化祭。

穿過兩邊的櫸樹……
燃燒起我的繪本魂！
100日圓
まりちゃんのおてつだい
繪本作家中谷千代子撰文，丈夫中谷貞彥所繪製的作品。

◆MICHIKUSA（みちくさ）市集
豐島區雜司谷2丁目 鬼子母神通周邊
老建築與綠意盎然的鬼子母神堂周邊擁有絕佳的散步路線，我都想搬來這裡住了。

用芒草做的貓頭鷹，這是參道上「雜司谷旅遊諮詢處」的擺設。
1000日圓
在日式點心專賣店「Tokiwagi」買了很可愛的點心當作伴手禮。
印有貓頭鷹圖案的最中餅，味道很棒！
惡鬼造型的銅鑼燒

淺草LION百貨店（淺草）

包下淺草的老建築，在春秋兩季各舉辦兩天的市集，主要販賣高級的二手飾品、雜貨、原創款式的服飾等富有浪漫氣息的商品，主要販售對象是女性。
車庫用來擺放有趣的舊工具。
「LION大樓」建造於1934年，原本是一家銀行。這個跳蚤市場大約有35個攤位。
入口有一家漂亮的花店。

頂樓開設有咖啡與點心專賣店，就連樓梯與平台都裝飾得很美。

戰利品
「KIKÖNO」的亞麻披肩，在春秋兩季特別實用！5500日圓
入口處的乾燥胡椒漿果
1000日圓
超愛的飾品品牌「Hallelujah」也有攤位。

◆淺草LION百貨
台東區雷門2-11-10 LION BUILDING STUDIO

為了避免人潮擁擠，我特地選在第一天的午後前往，但人潮還是不少。
朋友在「mémémé BROCANTE」買下1920年代的陶瓷調味料小盤。

東京復活主教座堂的慈善市集（御茶水）

東京復活主教座堂又稱為「尼古拉堂」，是一座東正教教堂，這裡能在溫暖的陽光下品嘗現做的羅宋湯與俄式餡餅。秋天會舉辦慈善市集，現場有許多好吃、好玩的商品。

香醇濃厚的羅宋湯附長棍麵包，800日圓。

我鎖定了市集裡的代表名產——手工點心和餅乾。
堆疊在竹籃裡的蘋果蛋糕、燕麥餅乾和肉餡派！

大聖堂曾在關東大地震損毀，在一九二九年修復重建。

教堂平常就開放參觀，但是在市集這一天更能慢慢地欣賞每一個角落。大人或小孩的衣服都有販售，偶爾會挖到不錯的寶物。

婦女會的太太們親手製作的工藝品，做工實在沒話說。

松果製成的裝飾品
羊毛氈裝飾品
用回收的CD製作的掛飾
全部只要300日圓

復古的尼龍袋，10日圓！
針織貝蕾帽，300日圓
針織口金包，200日圓

◆東京復活主教座堂
千代田區神田駿河台4-1
https://nikolaido.org/

與神田神保町「神田古書祭」的舉辦時間相同，可以排在一起遊逛。

酉之市（入谷）

浅草 鷲神社
每年11月的「酉之日」會舉辦祈求開運招福、生意興隆的祭典，象徵財源廣進的「熊手」（註）攤販也會大規模聚集在此。
入口的神官不時揮舞著神符
浅草鷲神社舉辦的酉之市是東京都內最大等級的相關祭典，人潮及規模都頗為驚人。
アサヒビール

小小的熊手好可愛。為明年的工作訂下新目標，對我來說是很重要的儀式。

我的目標是「Yoshida（よし田）」這個攤位。這家店的手繪紙製品與稻草製成的熊手，尺寸都是做成小小的，只要跟店家提出需求，就會幫你為商品進行拍手祈福儀式。

氣勢十足的拍手聲響來自這裡。

註：熊手是用竹子做成的掃把，有把錢扒進來的意思。

成排的美食攤販，
在這裡來杯啤酒吧！

長國寺
位在隔壁的長國寺，從前和鷲神社在同一個地點。同樣在舉辦熊手市集的長國寺，有一個特別的御守販賣處。
只要祈求「熊手御守」，就會為你用石頭敲出火花來祈福。
由廟方和尚幫你求籤。
喜歡求籤的女兒→

◆**鷲神社**
台東區千束3-18-7
https://otorisama.or.jp/sm/

◆**長國寺**
台東區千束3-18-7
http://otorisama.jp/

東京聖誕市集（芝公園）

從二〇一五年開始，「東京聖誕市集」固定在能夠眺望到東京鐵塔的芝公園舉辦。廣場內聚集了販賣聖誕雜貨與美食的攤位，好不熱鬧。

超人氣的俄羅斯娃娃專賣店

可愛的聖誕飾品店

◆聖誕市集（芝公園）
都立芝公園（都營三田線御成門站前）

女兒超開心！

點燈時超級夢幻～
德式香腸7根裝，1000日圓
熱紅酒 600日圓（購買馬克杯＋500日圓）
金字塔周邊是成排的美食攤位，來杯熱紅酒或啤酒，舉杯慶祝一下吧！

高14公尺的聖誕金字塔，是從德國運來的。

到東京鐵塔的散步途中，務必來看一下！

同場加映!!

上川口屋傳統零食

Kamikawaguchi-ya（雜司谷）

位在手創市集會場裡、鬼子母神堂境內的傳統零食店「上川口屋」，是1781年以日本傳統零食店起家的超級老舖，附近的小孩與家長都非常喜愛這家店，店裡客人總是絡繹不絕。與自然不做作的老闆娘聊天非常愉快，店裡的黃豆粉棒（きなこ棒）與豆沙球（あんこ玉），都是令人懷念的好滋味。神社境內還有糯米糰子專賣店。

帶有濃厚古早味氣息的小屋，建造於明治維新時期。

HARAJUKU·AOYAMA

復古的原宿・青山街道

Enseigne D'angle咖啡店，桌上永遠
有14朵玫瑰花裝飾。

位在原宿與青山一帶的表參道、青山通、貓街、明治通、竹下通等，每一條街道都展現出不同的風貌，是東京文化的象徵地，各個世代也在這裡留下他們青春的痕跡。

原宿・我的青春回憶

現在已成為「表參道Hills」的「同潤會青山公寓」，保留了原有建築的一部分，還有畫廊進駐。

小學時，我偶爾會和媽媽來表參道散步，我們會先逛逛「生活之木」、「Oriental Bazaar」「Crayon House」，最後來到可以俯瞰「同潤會青山公寓」、位於高級地段的「Chat Noir（シャノアール）」咖啡廳休息，這是我們固定的散步路線。國中第一次約會時，我還逞強地跟對方說「表參道我很熟」，結果一間店都不敢踏進去，只是沿著兩旁的行道樹來回走了一圈，就回到住家附近的車站了。上高中以後，第一次參加「Laforet原宿」的搶購折扣活動，大學生到二十幾歲這段時期，則是喜歡逛二手衣店和雜貨店。

我在原宿有許多青春回憶，但是不管到了幾歲，對於表參道~青山這一帶，我始終覺得它是屬於「大人的街道」。不僅是因為它從60年代中期起就一直是走在流行尖端的時尚聖地，又或者是因為兩旁沉穩的櫸木行道樹給人的印象使然。即使到了現在，每次來到這裡，我還是會尋找當時這條「令人嚮往的街道」所遺留的痕跡。來原宿散步，能同時體驗到嶄新前衛的樣貌與復古懷舊兩種風情。

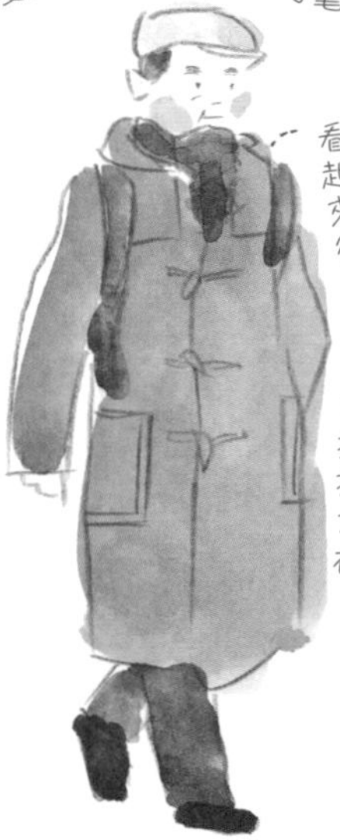
漫步在青山，與打扮時髦的大人擦肩而過…
看起來很高級的雙排扣大衣

可愛的舊原宿車站，（註）
竟然是在1924年建造的。
散步當時，舊站還在使用中。

註：舊站目前已拆除，預計會在新車站附近重建復刻版的舊站建築。

1965年，在東京奧運隔年建造的集合式住宅「Co-op Olympia」。

從表參道背後的入口安靜地參觀。

同行的Y小姐，原宿風裝扮，很有型的50歲。

「山陽堂書店」的外牆，谷內六郎的馬賽克壁畫也是原宿的遺產。

1975年的壁畫，作品名稱是「雨傘的破洞是第一顆星星（傘の穴は一番星）」。

一手提著盆栽的本地老太太。
端莊的籐編籃是她的配件。

外觀宛如神殿的「Oriental Bazaar」。
裡面擺滿以外國觀光客為對象的伴手禮

尋找怦然心動

店裡的每個角落都非常精心佈置，一家讓視覺和味覺都獲得滿足的法式可麗餅店。

La Fée Délice

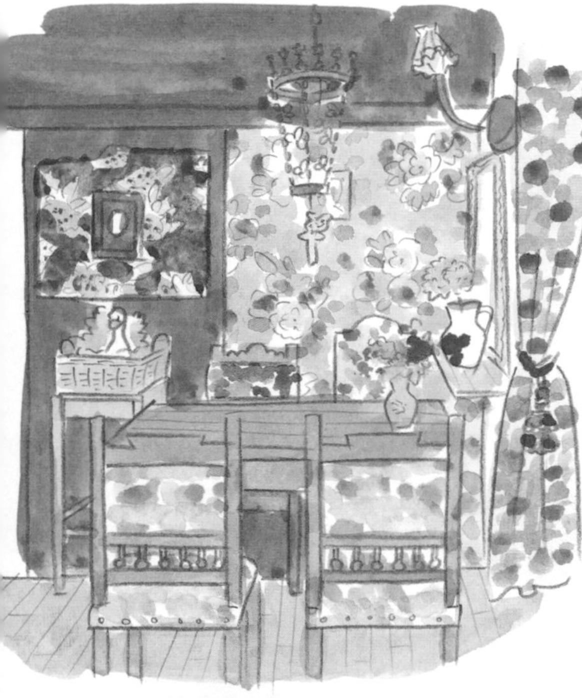

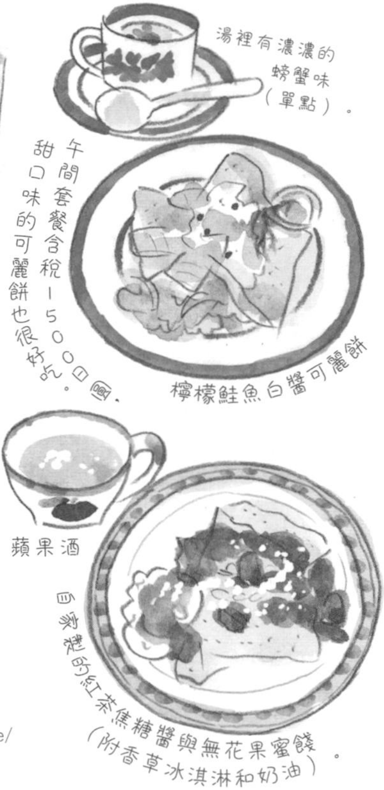
湯裡有濃濃的螃蟹味（單點）。
午間套餐含稅1500日圓。甜口味的可麗餅也很好吃。
檸檬鮭魚白醬可麗餅
蘋果酒
自家製的紅茶焦糖醬與無花果蜜餞（附香草冰淇淋和奶油）。

◆La Fée Délice
澀谷區神谷前5-11-13
https://lafeedelice.business.site/

從入口到廁所的佈置，都漂亮極了！

只要來到原宿一帶，總能感到滿滿的懷舊氣息，除了與媽媽有共同的回憶之外，我也受到已停刊的女性流行雜誌「Olive」很深的影響。「Olive」雜誌品味出眾，給無數的青春少女帶來美夢。當時雜誌上刊登的店家，有些我實際造訪了，但是大部分的店家對於當時年紀還小的我來說根本不敢踏進去，只能抱持幻想。當時的興奮與悸動，就這樣一直留存在這條街道上。

像是實現我對巴黎浪漫情懷的法式可麗餅店、可愛又美味的鬆餅店、經營三、四十年以上的進口生活雜貨店，還有讓我想要挑戰全新風格、大人也會沉浸其中的二手衣店。

在我心中，原宿就是這麼一個兼具懷舊與悸動，永不褪色的地方。

銀座ウェスト 青山ガーデン

銀座 WEST 青山花園店

店裡有個角落是被樹木包圍的露天座位，
可在此盡情享受優雅的時光。

只有在青山花園店與「BAY CAFÉ橫濱店」才吃得到的超美味鬆餅。
咖啡可續杯，味道非常棒。
蓬鬆柔軟的鬆餅，簡直是藝術般的傑作，好吃到眼淚都要流出來了！
附1杯飲料，1500日圓（一片）。
設有大型暖爐，初冬時節也感到非常溫暖。

◆銀座WEST 青山花園店
港區南青山1-22-10
https://www.ginza-west.com

カフェ香咲

Cafe Casa

這間咖啡廳的招牌鬆餅，
之前竟然是員工餐！

後方的牆壁掛著當作裝飾的小盤子，超級可愛。
畫有插圖的菜單、有品味的餐具，每一個細節都很講究。
加了檸檬片的水

店門口充滿綠意

◆Cafe Casa
澀谷區神宮前3-41-1
https://cafecasa.net/

外酥內軟，令人超
懷念的鬆餅。♡

從70年代開始營業至今的民族風西洋藝品店，隱身在南歐風的老建築裡。

グランピエ

GRANPIE

店裡有餐具、布料、地毯等眾多商品，滿滿地佔據了整個露台。

來自西班牙的碗，有多種美麗的圖案
1800日圓
在寒冷的天氣，店家招待的熱茶溫暖了我。
3500日圓
來自土耳其的竹籃，輕巧好拿。
印度男性用的沙龍布，可以拿來當作桌布。
3000日圓
土耳其的皮製隔熱手套
3500日圓
巴基斯坦的牛奶壺
350日圓

天花板懸掛著鍋子和水壺，感覺好像走進了國外的市集。

可以在這間店體驗到挖寶的樂趣。

◆GRANPIE 西洋藝品店
港區南青山3-4-4
https://www.granpie.com/
＊ 2020年10月已搬遷，P72的地圖是舊址。

Zakka

小房間裡擺放著一個大大的桌子，
桌上是藝術家親手製作的餐具以及
帶有溫度的質感生活家具。

3200日圓
600日圓

井山三希子的橢圓盤與杏樹製的湯匙。

包裝十分精美，還附上一張寫有作家名字的紙條。

老闆吉村小姐有著溫暖的笑容。

Zakka

品味十分講究，
令人嚮往的一家店。

◆Zakka
澀谷區神宮前5-42-9
green leaves #102

Riyad vintage

被充滿綠意的入口吸引而來，沒想到進入店裡後，卻是濃厚的復古氣息與色彩豐富的商品！

超愛二手衣且個性直爽的竹村小姐。

摩洛哥的抱枕套

各種可愛的包款

店內很多80年代成熟風格的「Diane freis」商品，我也買了一件簡潔款的服飾。

80年代美國「Jeanne Marc」的外套

◆Riyad Vintage
澀谷區神宮前5-12-10鈴木公寓403
https://riyadshop.thebase.in/

青山・藝術巡禮

根津美術館

庭園景象似乎還能看出當時
根津家私宅的遺跡。

佔地超廣大！
還有茶室、池塘和神社。

萬物冬藏時分，擺放在
各處的稻草人讓庭園增
添了色彩。

稻草人的形狀和名字
都很有趣！

百椿図

珍藏圖鑑

只有在山茶花季節才看得到
「百椿圖」的展覽。
江戶時代初期，刮起了一陣山茶
花園藝風潮。美麗的山茶花在百
椿圖上被描繪成各種樣式，我非
常喜愛。

在可以眺望庭園風
景的咖啡廳，悠哉
地享用午餐

肉派與漢堡肉

超適合打卡拍照的
入口風景

◆根津美術館
港區南青山6-5-1
https://www.nezu-muse.or.jp/
＊營業時間以及詳細參觀方
式，請參見官網說明。

太田記念美術館

企業家太田清藏先生所創立的私人美術館，主要以浮世繪收藏品為主。雖然館內空間不大，其中的浮世繪收藏品數量可說是世界少有。

館內的室內庭園讓人感到十分放鬆～
部分觀賞區還設有榻榻米讓人休息。

◆太田記念美術館
澀谷區神宮前1-10-10
http://www.ukiyoe-ota-muse.jp/

あお山ヒュッテ

AOYAMA HÜTTE

在青山數量眾多的藝廊之中，
可以說獨具特色。
頂樓的可愛小屋，
宛如一個祕密基地。

爬上樓梯到4樓，就能看到可愛小屋！

飾品設計師acco小姐的作品展示區。

◆AOYAMA HÜTTE 藝廊
港區南青山3-18-5 櫻花公寓4樓
https://aoyamahutte.com/

我很喜歡的設計師，鈴木IZUMI的展示區

我來青山的目的，通常是為了觀賞心儀藝術家或朋友的展覽。青山有數不清的藝廊、外文書店、美術館，可以說是藝術之街。

「根津美術館」由有「鐵道王」之稱的企業家根津嘉一郎創立，主要收藏日本與亞洲的美術品，寬廣美麗的庭園是其一大亮點。

「太田美術館」是一座靜靜佇立在「Laforet原宿」後方的浮世繪美術館。這兩座美術館即使在平日也熱鬧非凡，中老年團體、海外觀光客以及帶有藝術氣息的年輕人，參觀人潮絡繹不絕。

美術館加上藝廊，有機會來到匯聚藝術文化景點的青山街區，不要忘了順道去看看這些特色景點。

agnès b. galerie boutique

這裡所展示的照片和畫作等當代藝術，完美複製了法國agnès b畫廊的精神。畫廊就位在時裝店的二樓，可以從外面樓梯直接進入。

波蘭攝影師Weronika Gęsicka的展覽實在太棒了。這麼美的聯名商品也只有大品牌才辦得到。

◆agnès b. galerie boutique
港區南青山5-7-25
lafururu南青山2樓
https://www.instagram.com/agnesb_galerie_boutique/

BLUE BRICK LOUNGE

台灣也有分店的日本伴手禮品牌「YOKUMOKU」所設立的咖啡廳，
我很喜歡這裡的露天座位。
店內的迷你藝廊展示了一些美術收藏品，
相當值得一看。

茶飲附贈經典的雪茄蛋捲

◆BLUE BRICK LOUNGE
港區南青山5-3-3
https://www.yokumoku.co.jp/store/tokyo/509/

Fergus McCaffrey Tokyo

本館位在紐約的現代藝術畫廊，外觀看起來是一個難以親近的空間，卻意外地是一個安靜又舒服的地方。

Jasper Johns的
「Usuyuki」展

拉門式的隔間讓我留下深刻印象。

Fergus McCaffrey

◆Fergus McCaffrey Tokyo
港區北青山3-5-9
https://fergusmccaffrey.com/

鬧區用餐不踩雷

每次來原宿，最困擾我的是用餐問題。不僅每間餐廳人擠人，價格也不算便宜。以下兩間餐廳，是我來到原宿最推薦的好去處。

とんかつ まい泉 青山本店

MAiSEN邁泉豬排 青山本店

店內有吧檯座位、一般座位和二樓的和室榻榻米座位，幸運的話，還能被安排到「西洋館」。那是一個由澡堂改建的房間，美麗的格子狀天花板看起來寬敞明亮。

以便當聞名的邁泉豬排，剛出爐的腰內豬排三明治也很好吃，不管是肉質或麵包都可吃到一股甜味。
茶美豬豬排咖哩
腰內肉 1454日圓
品質保證的優質美味，咖哩、白飯和高麗菜都可無限續加。

◆MAiSEN邁泉豬排 青山本店
澀谷區神宮前4-8-5
https://mai-sen.com/restaurant/

中華風家庭料理 ふーみん

中華料理Fuumin

這是一間中式口味的家常菜餐廳。所有餐點都很可口，因此總是人滿為患。

多到滿出來的榨菜

不會過於黏稠的納豆炒飯，絕妙的好滋味。附味噌湯1350日圓（含稅／午餐時段供應）

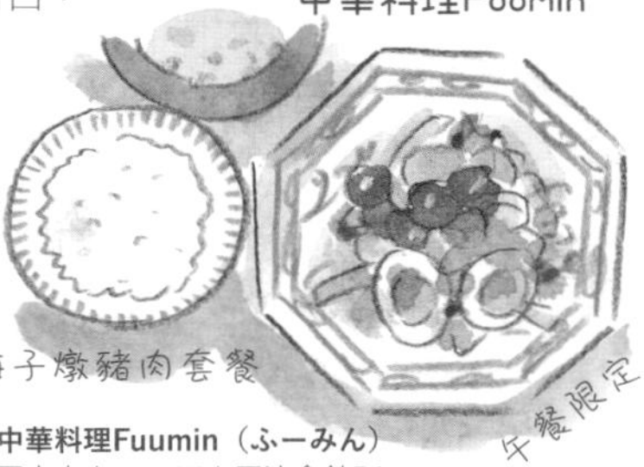
梅子燉豬肉套餐
午餐限定

◆中華料理Fuumin（ふーみん）
港區南青山5-7-17小原流會館B1
https://fuumin.gorp.jp/

HARAJUKU·AOYAMA map

原宿・青山地圖

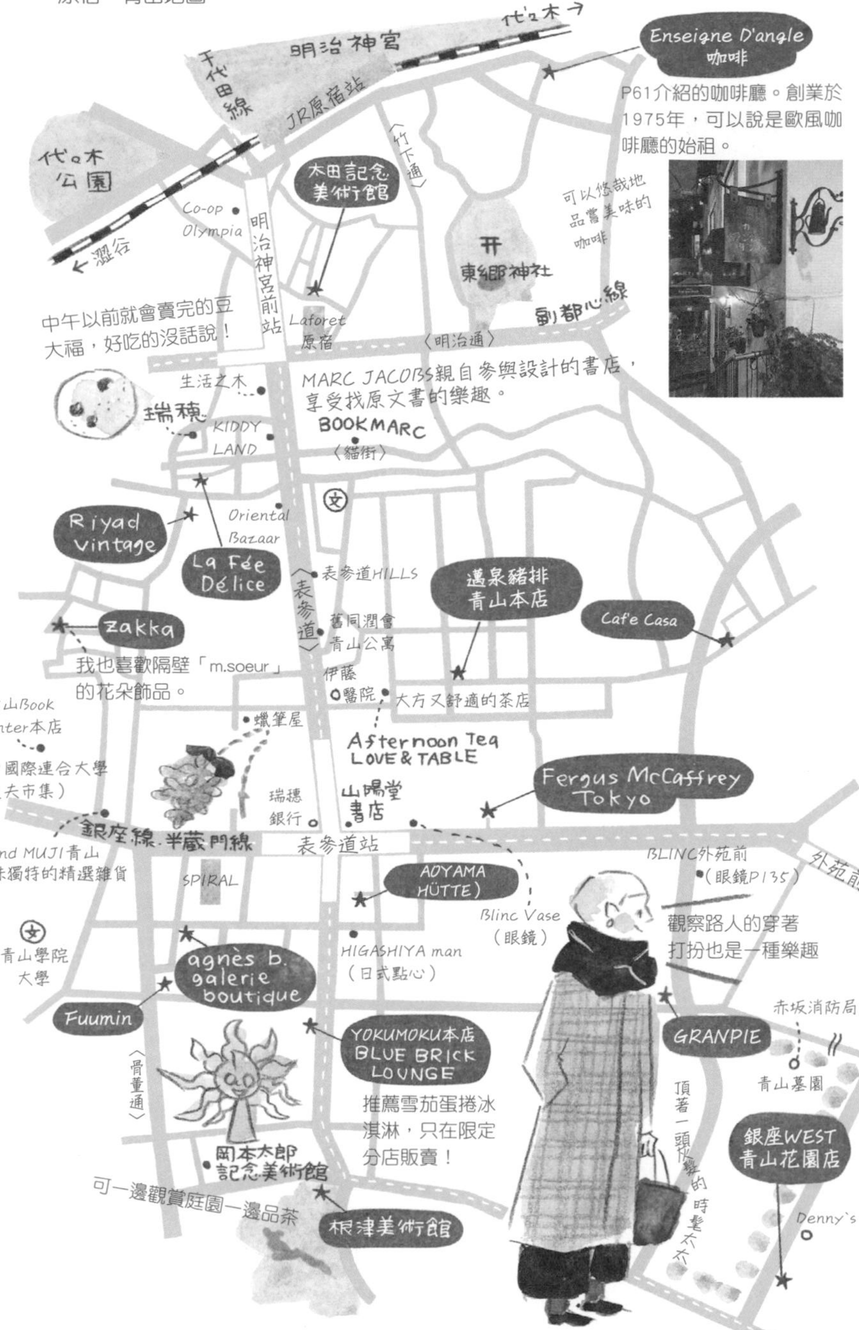

代々木→
明治神宮
千代田線
JR原宿站
代々木公園
←澀谷
Co-op Olympia
明治神宮前站
太田記念美術館
〈竹下通〉
Enseigne D'angle 咖啡
P61介紹的咖啡廳。創業於1975年，可以說是歐風咖啡廳的始祖。
可以悠哉地品嘗美味的咖啡
東鄉神社
副都心線
中午以前就會賣完的豆大福，好吃的沒話說！
Laforet 原宿
〈明治通〉
MARC JACOBS親自參與設計的書店，享受找原文書的樂趣。
生活之木
瑞穗
KIDDY LAND
BOOKMARC
〈貓街〉
Oriental Bazaar
Riyad vintage
La Fée Délice
表參道HILLS
〈表參道〉
邁泉豬排青山本店
Cafe Casa
舊同潤會青山公寓
zakka
我也喜歡隔壁「m.soeur」的花朵飾品。
伊藤醫院
大方又舒適的茶店
青山Book Center本店
蠟筆屋
Afternoon Tea LOVE & TABLE
國際連合大學（農夫市集）
瑞穗銀行
山陽堂書店
Fergus McCaffrey Tokyo
銀座線・半藏門線
表參道站
Found MUJI青山 品味獨特的精選雜貨
SPIRAL
BLINC外苑前（眼鏡P135）
外苑前站
AOYAMA HÜTTE
Blinc Vase（眼鏡）
觀察路人的穿著打扮也是一種樂趣
青山學院大學
HIGASHIYA man（日式點心）
agnès b. galerie boutique
Fuumin
YOKUMOKU本店 BLUE BRICK LOUNGE
GRANPIE
赤坂消防局
〈骨董通〉
推薦雪茄蛋捲冰淇淋，只在限定分店販賣！
青山墓園
頂著一頭灰髮的時髦太太
銀座WEST青山花園店
岡本太郎記念美術館
可一邊觀賞庭園一邊品茶
根津美術館
Denny's

同場加映!!

d47食堂

d47 Shokudō（澀谷）

來到變化萬千的澀谷，許多人都不知道該去哪裡用餐。推薦與車站相連接的「澀谷HIKARIE（渋谷ヒカリエ）」8樓的「d47食堂」，這是一間以日本全國47都道府縣的料理為主題的現代風格定食餐廳。餐點健康又美味，大大滿足口腹之慾。

「長崎定食」使用長崎縣松浦港的炸竹筴魚。所使用的精緻餐具，店內也有販售。

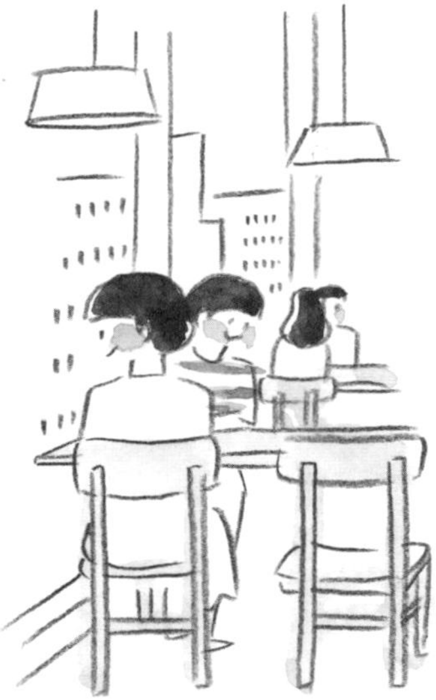
店裡很寬敞，視野十分遼闊！

賽馬場初體驗

Diamond Turn
大井賽馬場
從單人座到包廂席，有各種類型的座位。
透過桌上的小螢幕觀看投注賠率～
嗯…
我一直嚮往把筆夾在耳朵上的造型，但迷你尺寸看起來很遜…
投注劃卡
今日賽程表

「K Block 四人座」20000日圓（含稅／1人5000日圓）

現場提供餐點，從烤魚、炸雞塊等下酒菜到各式甜點應有盡有。

散發都會氣息的時尚入口

酒精飲料喝到飽
2100日圓（2小時）
第1杯點了氣泡酒♡
烤牛肉

店裡的自動售票機就像ATM一樣，只要把錢跟投注劃卡放進去，馬券會自動出來。

衝啊！
KABATOTO
↓用喜歡的馬名下注，賺了130日圓
騎師的制服款式鮮豔可愛，有紫色底布料搭配黃色圖案，或是黃色底搭配紅色鑽石的豐富花色。

以夜間舉辦競賽「Twinkle Race」而聞名的「大井賽馬場」，距離東京市中心很近，搭乘單軌電車就能抵達賽馬場。前往賽馬場的當天，我們的目的是要為四位九月生日的朋友辦慶生會，所以我們選擇可以一邊用餐、一邊看比賽的室內自助餐廳「Diamond Turn」。我們每個人都是第一次來賽馬場，所以幹勁十足地選在下午兩點一開門就準時入場。

餐廳裡寬敞明亮，有一整面可以清楚觀看整個比賽的玻璃窗。我們在奢華的氛圍中享受歡樂，同時也不忘填飽肚子。餐點從冷盤到甜點，應有盡有。鐵板區偶爾會有大廚現身，在客人面前現做烤牛肉與海鮮炒麵等餐點。

在餐廳內也可以直接下注，我請兩位有賽馬經驗的朋友教我怎麼玩，每次只下注一百日圓，雖然最後是小賠收場，卻玩得十分開心。自助餐吃累了，還能在寬闊的場內四處探險。賽馬集中區可以親眼看到參賽馬匹的狀態，在「PAKA-PAKA廣場」能和馬匹近距離接觸，夜晚還有精彩的燈光秀。我們從進場一直待到最後一場比賽結束，從午餐一直吃到下午茶享用點心，晚餐也繼續吃，盡情地吃吃喝喝，度過心滿意足的七個小時，絕對是一場CP值超高的愉悅饗宴。

◆大井賽馬場（Diamond Turn）
品川區勝島2-1-2大井賽馬場內4號stand 4樓
https://diamondturn.com/
＊請先在官網確認營業日期。

同場加映!!

Au Temps Judis可麗餅

Au Temps Judis（澀谷）

澀谷用餐第2彈！前面在原宿篇提到的女性流行雜誌「Olive」，多年前就刊登過的餐廳「Au Temps Judis」是一家法式可麗餅專賣店，自1985年開店以來，從未改變其法式鄉村風格，不論是紅色格紋桌布或餐盤，都相當溫馨可愛。

午間套餐是鹹甜兩種
口味的可麗餅，還有
附飲料，非常划算。

NIHONBASHI
邂逅日本橋老建築

到了櫻花季節，三越百貨的粉紅色門簾隨即登場

在江戶時代，日本橋是做為五街道(註)的起點站，因此非常繁榮。
現在它不僅是東京數一數二的商業街，也是百年老店林立的傳統街區。
在櫻花開始綻放的3月，我來到這裡散步。

註：日本江戶時代以江戶（現在的東京都）為起點的五條陸上交通要道，五街道包括東海道、中山道、甲州街道、日光街道和奧州街道。

從水上欣賞日本橋

1911年
遊船沒有屋頂，感覺更開闊！
一邊聆聽導遊的詳細解說，
一邊欣賞初綻放的櫻花。
事先在網路預約比較保險

◆東京港遊船
https://nihonbashi-cruise.jp/
（大人2000日圓～、小學生1000日圓）

雖然在東京生活了近40年，卻一直沒有機會仔細來日本橋走走，實在無法説自己認識日本橋。這裡的老字號百貨公司和老店林立，客人的年齡層和店鋪都給人一種高不可攀的印象。但是自從二〇一〇年「COREDO室町（コレド室町）」開幕以來，似乎發生了很大的變化。這一天，我完全是以鄉巴佬進城的姿態遊覽這個地方。

這次來日本橋的主要目的是搭乘「東京港遊船」，從日本橋川出發，穿越日本橋街區，途中經過隅田川，最後抵達東京灣，結束約60分鐘的周遊航程。（註：目前的航程是70分鐘，起終點皆為日本橋。）

現在的日本橋建於一九一一年，一九六三年的時候，那年是東京首次舉辦奧運的前一年，橋的正上方興建了首都高速公路。遊船啟航後不久，船隻就會航行在交錯複雜的高架橋下，形成一幅獨特的景觀。一想到這是只有在東京才能享受到的景色，心情也不由得興奮起來。

二〇二〇年秋天開始，首都高速公路地下化的計畫正式展開。從日本橋仰望藍天的日子雖然令人迫不及待，不過20年後，現在的景色可能就要消失，應該要趁現在盡情享受。

只有搭船才能看到橋的背面。關東大地
震時留下的燒傷痕跡，極具震撼力。

船啟航後不久，就迎來舊日式建築巡禮。右邊是外觀像船體一樣的「日本
橋鑽石大廈」（舊的部分建於1930年），左邊是「日證館大樓」。

穿過佃水門，航向雄偉的隅田川。可以
理解為何以前會稱呼它為「大川」了。

可攜帶食物和飲料入內。
用啤酒乾杯～

古典建築探訪

外觀宛如羅馬神殿一般，散發著威嚴的「三井本館」，與旁邊的三越百貨同是日本橋的門面。

夜晚會打上燈光，這天是象徵櫻花的粉紅色。
三越百貨
1935年
1929年

三井記念美術館

美術館位在三井本館頂樓，主要展示舊財閥三井家的收藏品。

這次觀賞的是每年春天都會舉辦的「三井家的雛人形展」。
江戶時代的立雛（站立著的雛人形）。和服的圖樣有各自代表的意義，「松與紫藤」是男性與女性和睦的象徵，「撫子花」代表孩童。
從前董事長專用的食堂，直接以原來的樣貌對外展示。

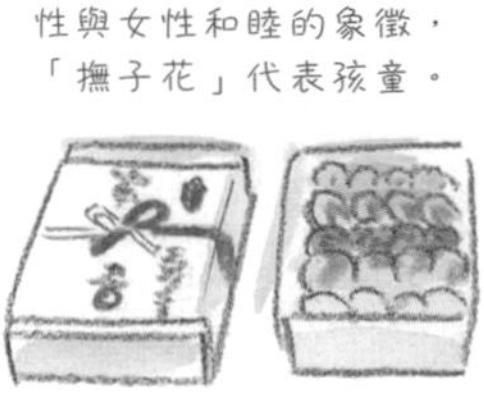
明治～昭和初期的小模型，可愛到無法形容。

◆三井記念美術館
中央區日本橋室町2-1-1 光井本館7樓
https://www.mitsui-museum.jp

日本銀行 本館

東京車站的設計師——辰野金吾也參與了本館的設計。

日本銀行是發行紙鈔的銀行，也就是日本的中央銀行，擔任所有銀行的要角。

每個禮拜的星期一～五、一天有四次免費的參觀活動（需事先預約）。

著名的「1億日圓體驗袋」，可實際體驗到底有多重。

從前的正門相當壯麗。馬車時代遺留下來的遺跡，這是當時給馬的飲水補給處。

◆**日本銀行 本館**
中央區日本橋本石町2-1-1
https://www.boj.or.jp

La fresa

與前面幾個建築物相比，這家咖啡廳算是比較近代的建築，擁有美麗的南歐風設計。

物超所值的早餐，套餐裡不忘放上象徵店名由來的草莓（La fresa是西班牙文的草莓之意）。老闆娘的性格十分爽朗。

A套餐是奶油吐司+火腿蛋，500日圓

建築物上方有公雞型的風向標。

◆**café La fresa**
中央區日本橋本町4-2-8

別有風味的老字號百貨

日本橋三越本店
1960年
1930年
每星期五、六、日的12點與下午3點，可以欣賞管風琴的現場演奏。
曲風從兒歌到流行曲都有~
從樓上往下俯瞰一樓大廳的天女像，超有氣勢！

文藝復興式的建築設計是在1953年改建而成，現在已被認定為國家重要文化財產。不論是外觀或內部裝潢都十分講究細節，簡直就是一個藝術品。

不要忘了欣賞一下天花板的設計。

從本館的屋頂花園可近距離欣賞高塔的模樣。

坐鎮在入口的兩頭石獅子來自英國。

獅子的前腳很光滑
1914年
摸前腳，願望就會實現？

◆日本橋三越本店
中央區日本橋室町1-4-1

✳三越劇場（本館6F）✳

石膏雕刻加上大理石，以及由彩色玻璃和鏤花模板裝飾的天花板，洛可可式的風格令人目不暇給。

1927年
除了座椅之外，室內幾乎維持當時的模樣。

舞台側幕的門
配合以前的身高，門做的比較低
熱愛劇場的齊木經理

也有演出「落語」等比較輕鬆的表演節目，請好好享受這個頂級的藝術空間。

✳菓遊庵✳（本館B1F）

向島的「志"満ん草餅」（註）

我很喜歡的「菓遊庵」集合了全日本各地的名產點心，店內也有販售季節性點心以及東京都內其他製作生菓子的名店。

註：原文即為「志"満ん草餅」，唸作「Jiman Kusamochi」。預定每星期三、五11:30進貨，也有可能因臨時狀況導致延遲或無法出貨。

✳特別食堂 日本橋（本館7F）✳

享用傳承自「東京會館」的兒童餐，周圍的客人都是打扮體面的紳士淑女。

拿著日本茶的服務小姐在餐廳內穿梭
口味道地的玉米濃湯
連附贈的冰淇淋全都吃完，肚子超級飽。含稅2420日圓。

日本橋高島屋 S.C. 本館

日本第一個被指定為重要文化財產的百貨公司。館內的天花板、吊燈或柱子上的雕刻工藝，華麗到彷彿置身在皇宮裡。

1959年誕生
館內到處可見吉祥物玫瑰寶寶（2020年2月當時）

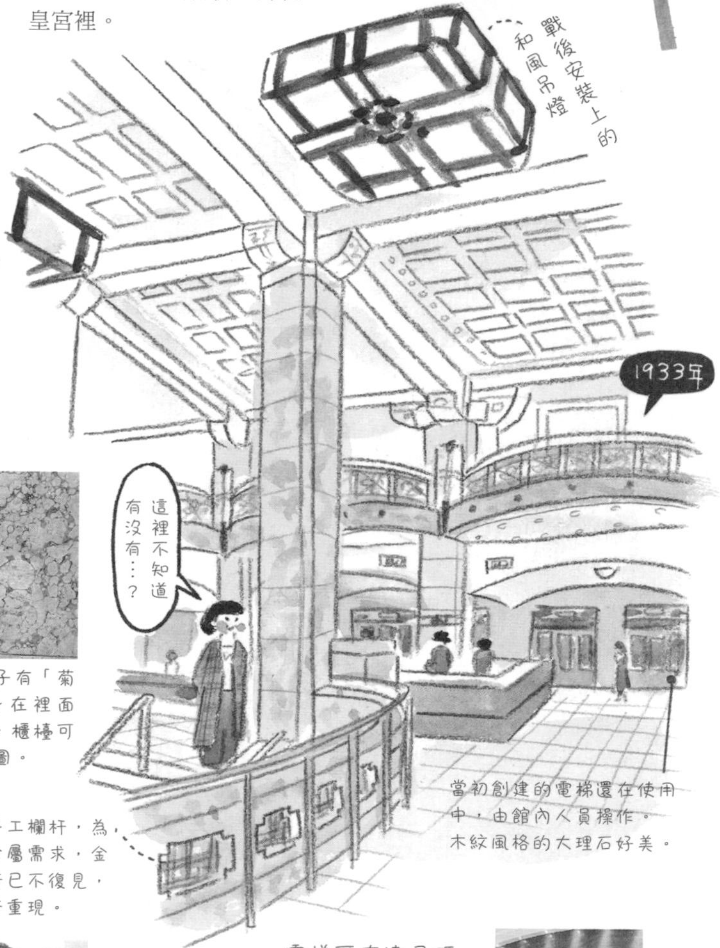
戰後安裝上的和風吊燈
1933年
這裡不知道有沒有…？

大理石牆壁與柱子有「菊石」的化石隱身在裡面（圖中有2隻），櫃檯可以索取化石指引圖。

原為金屬製的手工欄杆，為供應戰爭時的金屬需求，金屬製的手工欄杆已不復見，現在以木製欄杆重現。

當初創建的電梯還在使用中，由館內人員操作。木紋風格的大理石好美。

◆日本橋高島屋S.C.本館
中央區日本橋2-4-1
https://www.takashimaya.co.jp/nihombashi/departmentstore/

電梯可直達屋頂

電梯門是畫家東鄉青兒所繪製

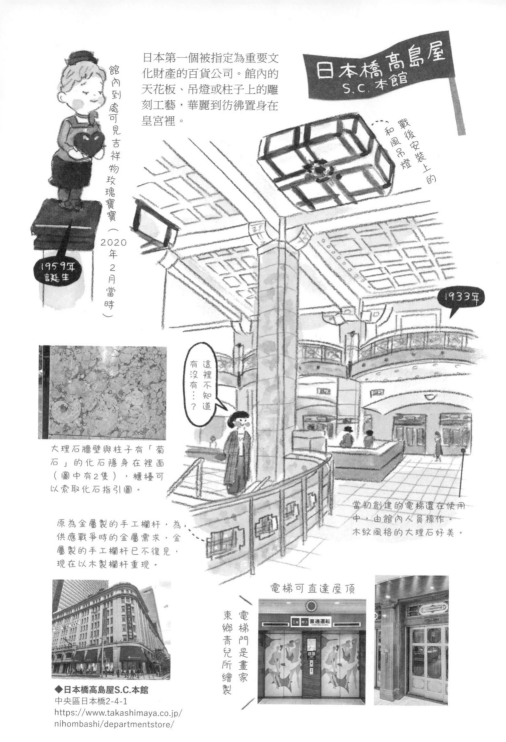

✳ 屋頂花園 ✳

日光浴玻璃屋用來當作休息處，現在還保留著原有的樣貌。

1950年時，有長達4年的時間在屋頂養了一頭大象，現在則是有咖啡廳和廣場的花園。

供奉的佛堂，繞一圈就可以拜完所有的七福神。

✳ 特別食堂（8F）✳

集結了帝國飯店（西餐）、野田岩（鰻魚）、大和屋三玄（日本料理）三家知名餐廳的菜單，也有供應兒童餐。

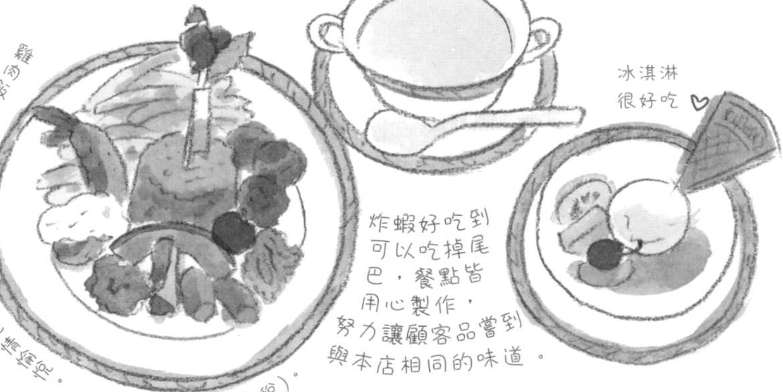

雞肉飯上面插著玫瑰花，讓人看著心情愉悅。

炸蝦好吃到可以吃掉尾巴，餐點皆用心製作，努力讓顧客品嘗到與本店相同的味道。

冰淇淋很好吃♡

1650日圓（含稅）。

✳ THE BEST CHOICE（B1F）✳

這是一間好吃又可愛的精品甜點店，集合了「Atelier UKAI」、都立大的「Addict au Sucre」、碑文谷的「Patisserie JUN UJITA」等東京名聲響亮的甜點店。

三軒茶屋「SUSUCRE」甜點店的餅乾禮盒。插畫家山脇百合子設計的包裝，可愛到不行。

神田淡路町「近江屋洋菓子店」的瑪德蓮

點心與正餐一網打盡

千疋屋総本店

美式奶油水果蛋糕

著名的特製聖代很可口，但是這款奶油水果蛋糕的可愛外表更讓人無法抗拒。海綿蛋糕中間夾上冰淇淋，上層再擠上鮮奶油與草莓醬，下層的海綿浸泡在牛奶裡，是一道不可思議的甜點。

◆千疋屋總本店
日本橋本店 2樓FRUITS PARLOR
中央區日本橋室町2-1-2 日本橋光井Tower 2樓
https://www.sembikiya.co.jp/

好像魔法一樣…
晚上與在日本橋上班的朋友會合，她是一位事業和家庭都很成功的女強人～

鶴屋吉信 菓遊茶屋

「鶴屋吉信」是販售京都點心的老店。店內有製作生菓子的現場實作展演，坐在吧檯區可以仔細觀賞師傅熟練的技巧。

剛做好的點心柔軟可口，附一杯抹茶
1430日圓（含稅）。超美的～
季節性的生菓子

◆鶴屋吉信 東京店 菓遊茶屋
中央區日本橋室町1-5-5COREDO 室町3 1樓
https://www.tsuruyayoshinobu.jp/shop/pages/tenpo_tokyomise_top.aspx

玉ゐ本店 Tamai本店

稀有的鰻魚料理專賣店，外觀是老舊的日式民宅，別有一番風味。

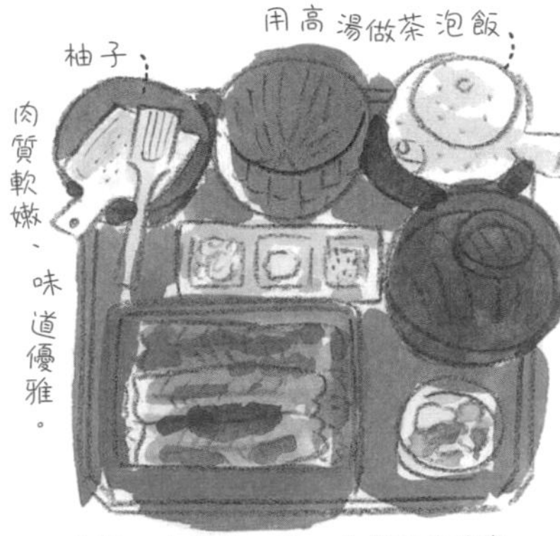

用高湯做茶泡飯
柚子
肉質軟嫩、味道優雅。

「雙口味套餐」可一次吃到香烤與滷煮鰻魚兩種美味。3000日圓（含稅）。
買來當作伴手禮的鰻魚押壽司也大受好評！

超喜歡
女兒

お多幸 多幸關東煮

在日本橋工作的朋友告訴我這間人氣關東煮，不排隊可是吃不到的。該店的招牌「豆腐飯」，在白飯上霸氣地放上一整塊滷豆腐，獨一無二的好味道。

店面有4層樓，很快就輪到了。

附有關東煮、沙拉與味噌湯的豆腐飯套餐，670日圓（含稅）

◆多幸關東煮（お多幸）
中央區日本橋2-2-3 多幸大樓
https://a439400.gorp.jp

◆Tamai本店（玉ゐ本店）
中央区日本橋2-9-9（中央區日本橋2-9-9）
https://anago-tamai.com/nihonbashi/

たいめいけん 泰明軒拉麵

先購買餐券才能享用的的立食區就設在店內一角，直接站在廚房面前吃拉麵，超有趣的用餐經驗。

就站在大鐵鍋前面享用
羅宋湯與高麗菜沙拉只要50日圓

拉麵850日圓（含稅）
令人懷念的中華拉麵，是我喜歡的細麵。

◆泰明軒拉麵（たいめいけん）
中央區日本橋1-12-10
https://www.taimeiken.co.jp

老店伴手禮

Koki gift ✱

1 小倉織手帕　2 鋼製指甲刀　3 瑞士Rubis的眉毛夾　4 義大利製的鼻毛剪　5 銀製挖耳棒（以上購自木屋）6 豬鬃毛刷（江戶屋）　7 牙籤組（猿屋）

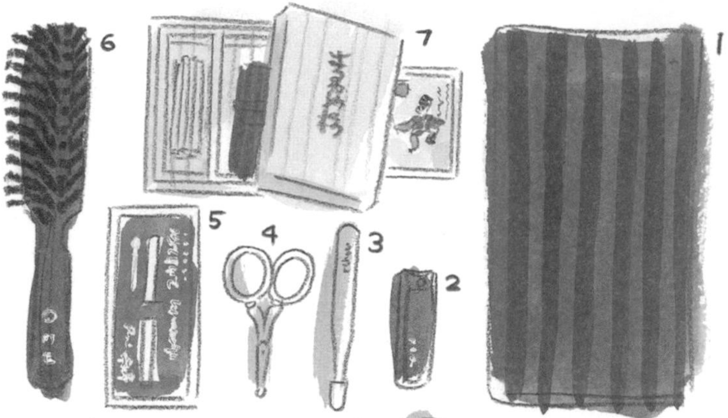

✱ 讓人聯想到「斷開、斬斷」的刀具，若是送禮用，會附上一張標題為「開創自己命運」的說明書。

除了是刀具專賣店，也販售各種生活用具，很適合來這裡找禮物。

買了烏龜造型的磨泥器，同樣的商品還有蕪菁和金魚造型。

◆木屋
中央區日本橋室町2-2-1 COREDO室町1樓
http://www.kiya-hamono.co.jp

日本橋的老店都有一定程度的歷史。既然來到老店林立的街區，我想要挑個特別的禮物。剛好公公的70歲生日快到了，我決定前往毛刷專賣店「江戶屋」，購買一套男性用的毛刷用具當作禮物。

看似一支普通的刷子，材質從堅硬的山豬毛到柔軟的普通豬毛，所有尺寸一應俱全、任君挑選。我在店裡猶豫不決時，一位大叔店員親切地前來詢問：「要送禮的對象，他的頭髮有比我的頭髮還要少嗎？」雖然我不知道該如何回答，內心卻在呵呵大笑。在刀具專賣店「木屋」挑選商品時，同樣有一位中年白髮的店員和藹可親地給我建議。

我一開始很緊張，不敢踏進這些看似高貴的店裡，但是店家卻非常友善，讓我感到心情愉悅，也順利買到適合的商品。

日本和紙專賣店「榛原」，店裡的商品質感好、品味佳、設計可愛，我興奮地像個女學生一樣，什麼都想買。

附有盒子的「蛇腹便箋」，可沿線撕下使用。尺寸較小的信紙組，附有10cm大的信封。♡

不管是信紙組合或是小尺寸的蛇腹便箋，圖案變化非常豐富。

猿屋
日本唯一僅存
的牙籤專賣店

每年都會發售的
12生肖牙籤。
店內展示了
每一年發售的
懷舊收藏品，
很有意思。

練習用的長條便箋，上面描繪了代表日本四季的圖案，讓人有種想要寫信的衝動。

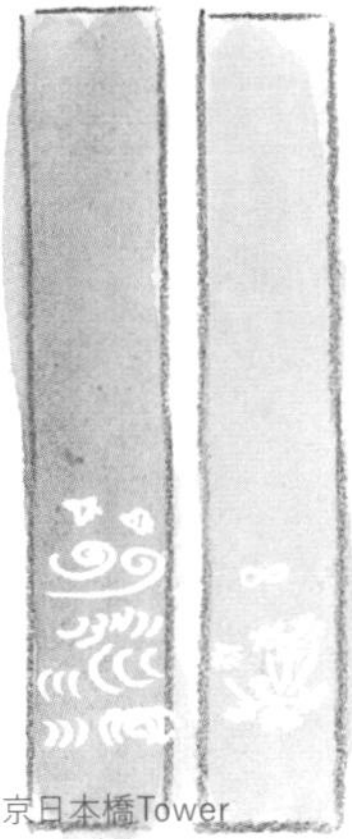

我買了茶壺專用
的刷子。

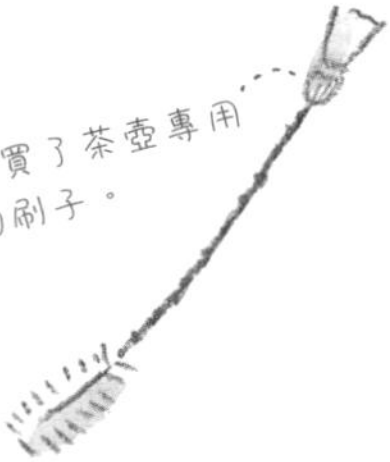

店內的和紙多達2000種，是一間大型和紙專賣店。大樓裡還設有和紙的藝廊。

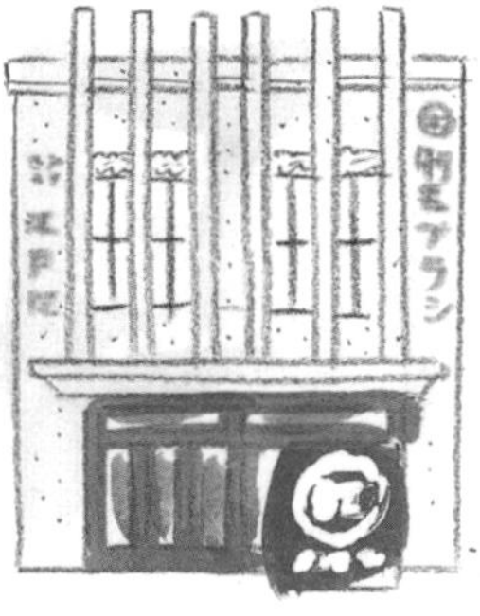

店裡有各種用途的刷子，不管是廚房、衣服或梳毛用的刷子都有販售。

大正時代留存到現在的
招牌，實在太酷了。

◆榛原
中央區日本橋2-7-1東京日本橋Tower
https://www.haibara.co.jp/shop

◆小津和紙
中央區日本橋本町3-6-2 小津本館大樓
https://www.ozuwashi.net/

◆猿屋（さるや）
中央區日本橋室町1-12-5
https://www.nihonbashi-saruya.co.jp/

◆江戶屋
中央區日本橋大傳馬町2-16
https://www.nihonbashi-edoya.co.jp/

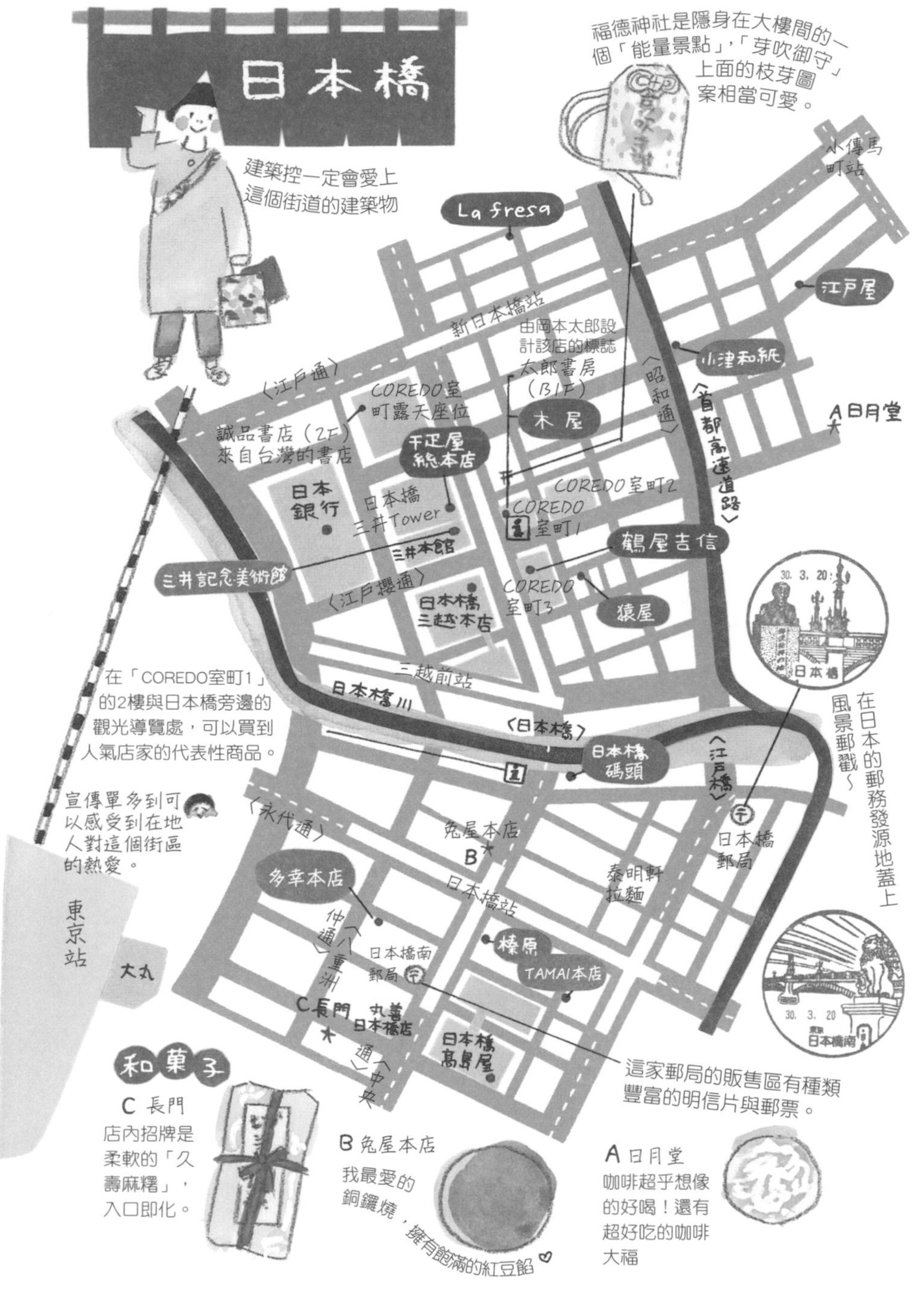

日本橋
建築控一定會愛上
這個街道的建築物
福德神社是隱身在大樓間的一個「能量景點」，「芽吹御守」上面的枝芽圖案相當可愛。
La fresa
小傳馬町站
江戶屋
新日本橋站
由岡本太郎設計該店的標誌
太郎書房（B1F）
小津和紙
〈昭和通〉
〈首都高速道路〉
A日月堂
〈江戶通〉
COREDO室町露天座位
誠品書店（2F）來自台灣的書店
木屋
千疋屋總本店
日本銀行
日本橋三井Tower
COREDO室町2
COREDO室町1
三井本館
鶴屋吉信
三井記念美術館
〈江戶櫻通〉
COREDO室町3
日本橋三越本店
猿屋
在「COREDO室町1」的2樓與日本橋旁邊的觀光導覽處，可以買到人氣店家的代表性商品。
三越前站
日本橋川
〈日本橋〉
日本橋碼頭
〈江戶橋〉
在日本的郵務發源地蓋上風景郵戳～
30. 3. 20
日本橋
宣傳單多到可以感受到在地人對這個街區的熱愛。
〈永代通〉
兔屋本店
B
日本橋郵局
日本橋站
泰明軒拉麵
多幸本店
東京站
〈仲通〉
〈八重洲〉
日本橋南郵局
榛原
TAMAI本店
大丸
C長門
丸善日本橋店
日本橋高島屋
〈中央通〉
30. 3. 20
東京 日本橋南
這家郵局的販售區有種類豐富的明信片與郵票。
和菓子
C 長門
店內招牌是柔軟的「久壽麻糬」，入口即化。
B 兔屋本店
我最愛的銅鑼燒，擁有飽滿的紅豆餡
A 日月堂
咖啡超乎想像的好喝！還有超好吃的咖啡大福

同場加映!!

愛馬仕電影院

Le Studio Hermès （銀座）

法國精品老牌愛馬仕，在「銀座Maison Hermès」10樓開設了一家隱密的小型電影院，透過官網「Le Studio」預約，就能免費觀賞愛馬仕精選的電影。坐在被玻璃方框包圍的夢幻電影院內，享受一段悠閒奢侈的時光。如有機會前往，也不要錯過 8 樓的「Le Forum」藝廊。

欣賞了安德烈・塔可夫斯基執導的電影《鏡子》。拿到原版宣傳冊跟糖果。

帶著旅行的心情吃早餐

Imperial Viking Sal
東京帝國飯店自助餐

住在東京40年左右，
第一次來帝國飯店。
女兒則是6歲就來了！

東京帝國飯店的「Imperial Viking Sal」餐廳在一九五八年開業，是日本第一家推出自助餐式風格的餐廳。每逢週末一大早就開始大排長龍，相當受歡迎。

穿過裝飾著美麗花朵的大廳後，搭電梯前往17樓。我們在平日早上7點多抵達，沒有混亂擁擠的現象，主要是住宿客來用餐，整體氣氛顯得安靜又莊重。也有不少商務人士一邊談生意、一邊享用早餐，國際色彩濃厚。餐廳內寬敞明亮，搭配蓬鬆的紅地毯與雅緻的器具，以及服務生筆挺的白色制服，讓人有一種正在國外度假的氛圍。來吧！我們開動了！

廚師現做的歐姆蛋看起來金黃透亮，還有酥脆的鬆餅、法式吐司，以及堆疊地像小山一樣的沙拉跟水果，讓人視覺和味覺都大滿足。不論是擺盤像蛋糕一樣漂亮的馬鈴薯沙拉，或是熱騰騰的洋葱焗蛋，每道菜都可以感受到餐廳的用心，讓人不禁打從心底讚嘆著「不愧是帝國飯店」。早上早點起床，偶爾享受一下這種奢侈，慰勞自己一下吧！

◆Imperial Viking Sal
帝國飯店自助餐
千代田區內幸町1-1-1
東京帝國飯店17樓
https://www.imperialhotel.co.jp/j/tokyo/restaurant/sal/

面帶微笑又細心
超讚的一流服務。
由客人自行挑選4種材
料，廚師現場製作鬆
軟滑順的歐姆蛋。
有名的馬鈴薯沙拉，
儘管味道濃郁卻
完全不膩口。
加有溫泉蛋的洋蔥
焗蛋，隨時可以
熱騰騰地享用。
邊緣用馬鈴薯泥裝飾
的粗鹽醃牛肉。
鬆餅和迷你丹麥
麵包好吃到令人
感動。滿滿的鮮奶
油，口味卻十分
清爽，搭配多種
口味的果醬。

同場加映!!

武相莊

Buaisou（町田）

白洲次郎與他的妻子白洲正子，可以說是「日本最灑脫」的夫婦。兩人在戰爭時期買下位於町田的養蠶農家，然後移居到這棟帶有茅草屋頂的宅邸，現在做為博物館「武相莊」對外開放參觀。我一邊漫步在綠意盎然的庭園裡，一邊觀察這對夫妻生活過的每個足跡。

把杵臼當作郵筒使用。花的擺設也很講究。
館內設施豐富，附有咖啡店、餐廳與商店。

YOYOGI HACHIMAN

代代木八幡：令人嚮往的奧澀谷

同樣是在公園看
書，若將場景換到
奧澀谷，瞬間就變
得時髦起來……。

從澀谷步行過來只要7、8分鐘的時間，喧囂的街道瞬間變成優雅靜謐的氣氛。這裡充滿可愛的法式小酒館、隱密的咖啡廳、有個性的生活雜貨店。來到這個街區散步，就能品味到生活的儀式感。

東京人的祕密基地

奧澁
KAMIYAMA STREET
街道上隨風飄揚的黃色旗幟

從老宅改裝、來自挪威的咖啡品牌「FUGLEN TOKYO」。
FUGLEN ESPRESSOBAR COCKTAILBAR VINTAGEDESIGN
店裡店外都擠滿了海外遊客。

乍看之下只是一條普通的商店街，其實匯聚了許多特色店家。
CAMELBACK
三明治與拿鐵是人氣商品
2樓是只有週末營業的
go! MUFFINS go!
來自紐西蘭的
COFFEE SUPREME
…I小姐
從前的商店街模樣也保存下來了

很多可愛又復古的大樓

充滿魅力的櫥窗擺設

一直以來我都是從原宿門進入代代木公園，有一次帶小孩來玩，改從西門踏進公園時簡直嚇了我一跳，因為感覺好像是到了另一個世界。印象中這裡是一大片廣場，但如今出現在眼前的卻是充滿綠意的景象，連綿不斷的山丘高低起伏著。我對代代木公園的記憶停留在春天擠滿賞櫻的人潮，現在卻被徹底顛覆了。

這幾年被稱為「奧澀谷」的區域就位在代代木公園西門一側，它的範圍大約是從澀谷「東急百貨總店」後方到小田急線代代木八幡車站的周邊。討論度極高的人氣咖啡館與餐廳主要座落在宇田川的暗渠沿岸上方。我雖然時常聽到朋友推薦，卻一直無緣造訪。

這次散步的同行者是比我小14歲的編輯負責人I小姐，我經常從她身上獲得現在的最新流行資訊。我們兩人只有來這裡吃過幾次飯，兩個奧澀谷的菜鳥終於要深入探訪這個時髦小區了。

YOYOGI PARK

即使是在人潮眾多的週末，來到公園西門這一側，也可以找到一個人也能安靜獨處的地方，享受夏日的美好氛圍。

P95的大哥就是在這個蒼翠
茂密的樹林間優雅地看書。

CAFE ROSTRO

一直延伸到澀谷的宇田川人行道，下方是河川流過的暗渠堤岸步道。沿著安靜的步道上方擺出桌椅，就變身為戶外露天座位，是一間氣氛很好的咖啡廳。

這家獨一無二的咖啡廳呈現兩種風貌，戶外座位提供方便的外帶式咖啡，如果選擇坐在店內，店家會依客人喜好製作咖啡（無菜單）。

老闆清水先生
原本在這裡經營
咖啡烘焙專賣店
可愛的小湯匙又打中我的心了
店家會依照咖啡豆的種類
改變研磨方式跟沖泡法，
虹吸式或手沖式都充分
展現出店家的專業技巧！

不管是來蹓狗的或爸爸帶女兒
前來的家庭，都看得出這家
店深受附近居民喜愛。

老闆幫我特製了一杯味道溫和帶點苦味
的咖啡，很適合宿醉的第二天早上。

◆CAFÉ ROSTRO
澀谷區富谷1-14-20 sausupia
https://rostro.jp/

在特色商店購物

Archivando
在這一帶特別有質感的小店。店家精挑細選的商品十分獨特，每一樣都讓我驚奇。
我覺得店裡某個家具的擺設很新潮，一問之下才知道，原來整間店的設計都是老闆的巧思。
用日式拉門隔間當作儲藏架。
親切的老闆為我們介紹商品。
好可愛！
還買了這支小叉子
一直在找這種一人用的保溫瓶，造型就像一罐寶特瓶。另外買了一個馬克杯，準備送給媽媽。

◆**Archivando**
谷區神山町41-5
https://www.archivando.jp/

年輕時喜歡在下北澤、代官山、中目黑這一帶散步，不論是巷弄裡的咖啡館，或是隱身在舊大樓的時髦二手店，每一家都很值得探險。隱身在奧澀谷的精緻小店，讓我想起當年元氣滿滿的購物散步之旅。

雖然對這裡的印象是聚集了許多美食餐廳，但是可以盡情購物的店家可是一點都不遜色。好幾次我都是從代代木八幡站前出發，從商店街兩邊的岔路進入後方小巷散步，許多店鋪出現在意想不到的地方，而且都是極具特色的小店。

在偶然路過的二手店裡，發現了一雙造型超可愛的涼鞋，和朋友I小姐買了不同顏色的款式。像這樣不經意地走進一家店，反而可能會有更多有趣的相遇。

黃魚

掛在牆上的是造型超可愛的麵包籃。

被P96的櫥窗吸引而來的店鋪。店內商品以藝術家設計的器具為主，還有老闆從海外進口的特色古董，以及各種手工用品。

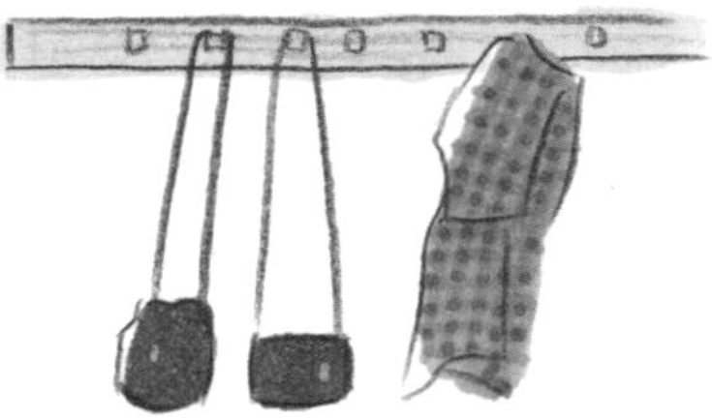

用泰國少數民族的布料製成的墊子
3200日圓

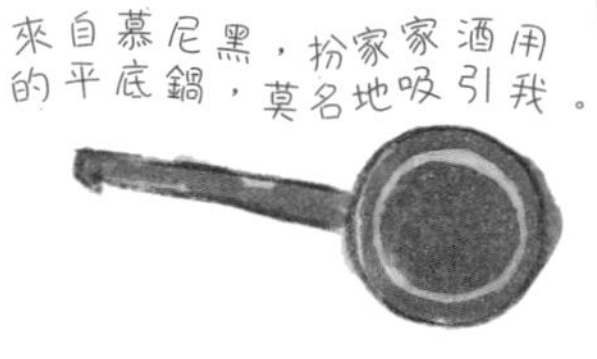
來自慕尼黑，扮家家酒用的平底鍋，莫名地吸引我。

在柏林的跳蚤市場，老闆買下市場裡擺攤老奶奶曾經用過的毛線籃。

◆黃魚
澀谷區富谷1-9-19代代木公園Q大樓1樓A

DORIAN GRAY

中學時閱讀女性流行雜誌「OLIVE」時就很嚮往的一家二手店。
店內主要販售或出租婚禮和舞會用的禮服，也有種類豐富的包包與首飾。

這樣對嗎？
應該再下面一點～
拼命試穿

性格開朗又不拘小節的老闆娘，一直替我們挖寶。

三色堇的胸花，想把它別在草帽上。

1950～60年代的圓形塑膠花胸針

◆DORIAN GRAY
澀谷區神山町4-20
https://www.dorian-gray.net/

edenworks bedroom

只在週末營業的花店。店裡充滿五顏六色的鮮花，整間店就像一個藝術品。

紙做的花也
很可愛！

花檯下面…居然是一張床！就像是捷克電影「野雛菊」裡的世界。

排列在窗邊的花朵

◆edenworks bedroom
澀谷區元代代木町8-8 3F
https://edenworks.jp/edenworks-bedroom/

EW.Pharmacy

「edenworks」的乾燥花專賣店。如同它的店名「Pharmacy」，店裡的設計就像國外的傳統藥局，乾燥花井井有條地排列在抽屜裡。與上面的花店一樣，來到這裡都有一種置身在童話故事裡的興奮感。

女性客人絡繹不絕，因為踏進店裡就像來到一個夢幻國度。

乾燥花做的紙鎮

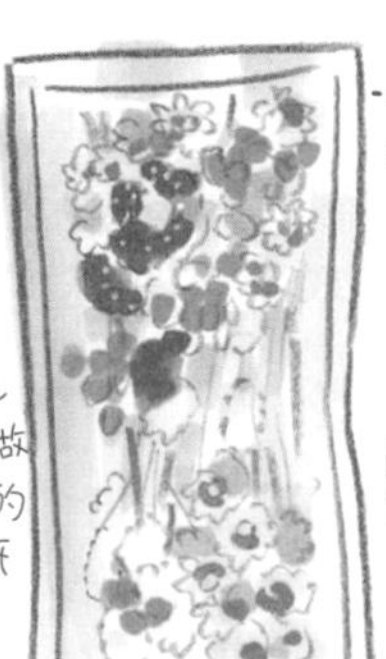

選好自己喜歡的花，美麗的花藝師會替你包裝。
我選擇了3000日圓的套裝組合，可以從8種花材中選5種，買回家可直接裝飾。

◆EW. Pharmacy
澀谷區富谷1-14-11
https://edenworks.jp/ew-pharmacy/

吃在奧澀谷

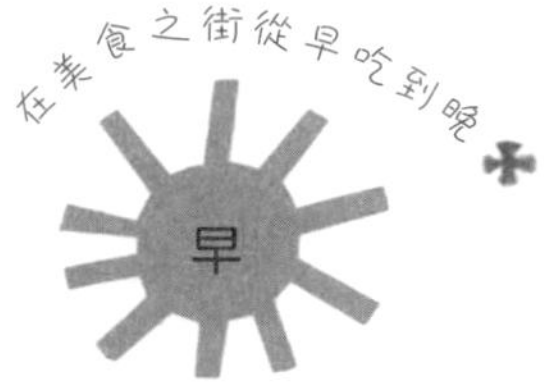

在美食之街從早吃到晚
早

15°C

超人氣麵包店「365日」開設的姐妹咖啡廳。也有提供蛋糕與漢堡，但是我比較推薦早起吃早餐。

餐具是Cutipol品牌♡
「365日麵包套餐」1100日圓
可享用店裡的3種人氣麵包，
麵包還能無限續加。
I小姐點的是「庫克太太三明治」。也有烤魚定食和飯糰套餐

季節湯品是南瓜湯
我選的配菜是香腸與煙燻鮭魚。
吐司從左到右依序是「北海道福岡」、「365日」。外酥內軟，吃在嘴裡太幸福了！

◆**15°C**
澀谷區富谷1-2-8
＊註：已停業。

365日

自2013年開業以來，幾乎每天都大排長龍的麵包店。麵包種類多達60種，每次都滿心期待地挑選。

光看著陳列櫃上的麵包
就雀躍不已！
雖然要排隊，但
很快就排到了！

開心果口味
第一次吃到這個巧克力脆片時超震撼！好吃之外，麵包的外型也很討喜。
伊予柑香蕉口味

◆**365日**
澀谷區富谷1-6-12
https://www.facebook.com/365joursTokyo/

午

PATH

代表奧澀谷的法式小酒館，從一大早營業到深夜，能盡情享受各種料理。

店門口經常有客人在排隊候位。1個人來吃午餐的時髦男子。

紅菊苣、奇亞籽搭配上李子的清爽沙拉，配色超級美！
蕎麥粉做成的法式薄餅，放上毛豆與手工培根。京都的精釀啤酒「週休6日」，順口好喝～

吧檯上的大樹枝

◆PATH
澀谷區富谷1-44-2 A-FLAT 1樓
https://www.instagram.com/path_restaurant_/

かつどん屋瑞兆

豬排店 瑞兆

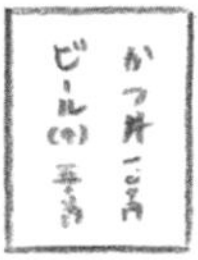

牆上的菜單只有豬排丼和啤酒 2 種，爽快的營業方式令人折服。外皮酥脆的薄豬排，淋上滿滿的甜醬汁，滑蛋鋪在肉排下面，是少見的丼飯風格。對視豬排如命的我來說，可以品嘗到豬排本身的風味，真是太開心了，以後一定會常來光顧！

店家位於住商混合大樓的1樓走廊，只有吧檯座位，到了吃飯時間常常需要排隊。

◆豬排店 瑞兆（かつどん屋 瑞兆）
澀谷區宇田川町41-26 papie大樓1樓

mar de Cristiano

幾年前造訪「Cristiano」後，深深為這家葡式料理的美味感動，這間是它的2號店。一天這樣吃下來其實我有點累了，但是葡式料理溫和的味道卻撫慰了我的五臟六腑。

晚
好好吃喔～！
葡萄牙綠色葡萄酒「Vinho Verde」，口感清新順口。

甜點又是另一個極品，好吃到一口接一口，發出聲音。
焦糖奶油口味的提拉米蘇
濃厚的巧克力慕斯

◆mar de Cristiano葡式料理
澀谷區富谷1-3-12suncity富谷4樓
http://www.cristianos.jp/mar

ヨヨナム Yoyonam

分量十足的生春捲

美食料理家植松良枝規劃的越南餐廳。女店員的手腳俐落，是一間讓客人感到很自在的店家。

入口位在走廊盡頭，感覺像是來到朋友家裡做客，充滿熟悉的氛圍。

只要在前一天事先預約，晚上也能品嘗到通常只在午餐時間提供的「蔬菜拌脆麵」，是一道可以吃到各種口感的創意料理。

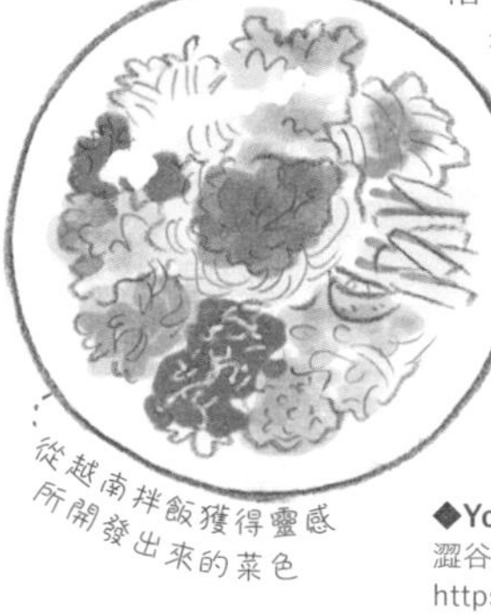

從越南拌飯獲得靈感所開發出來的菜色

◆Yoyonam越南料理（ヨヨナム）
澀谷區代代木5-66-4
https://www.facebook.com/yoyonam.tokyo/

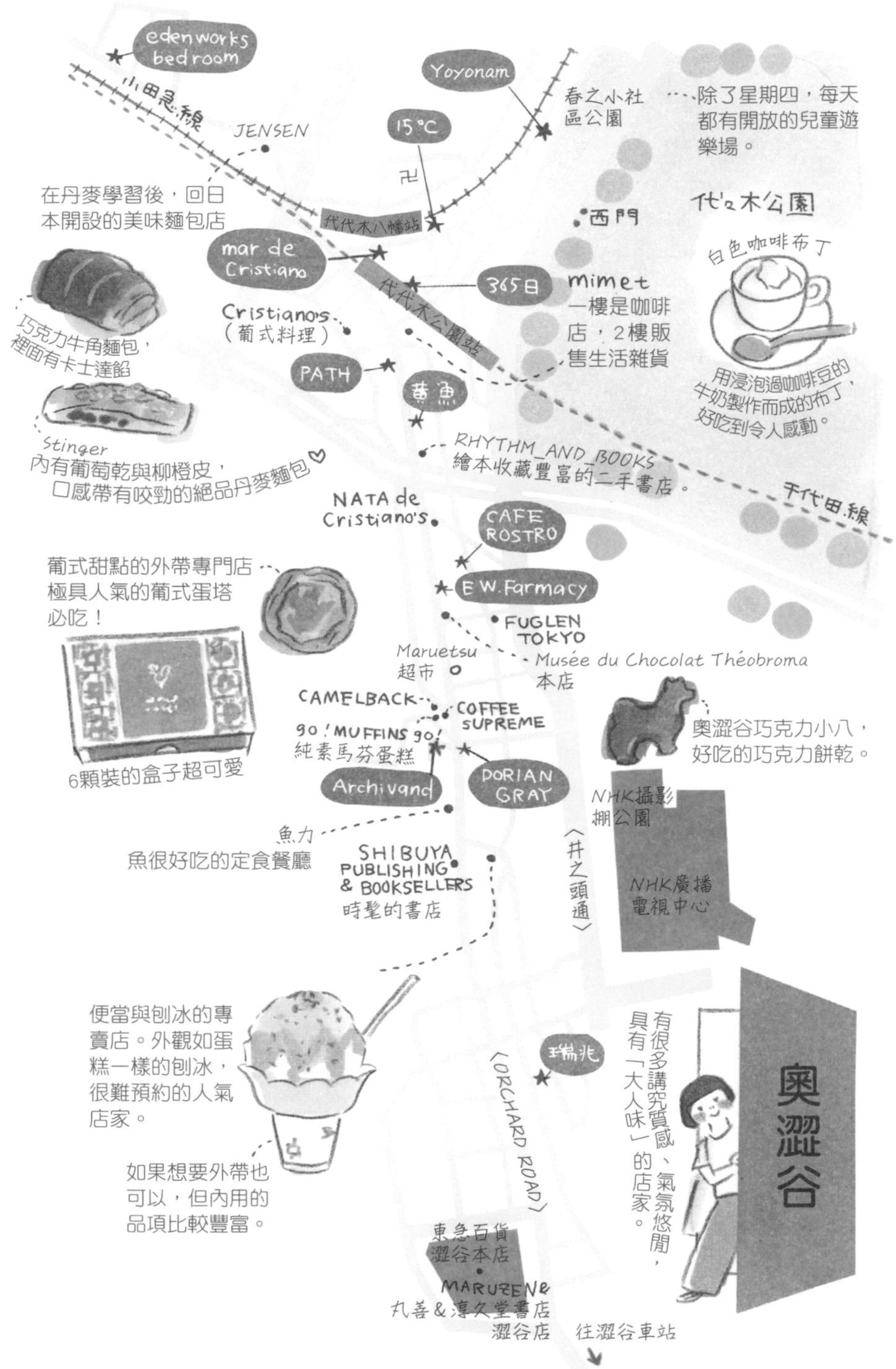
edenworks bedroom
小田急線
Yoyonam
JENSEN
15°C
春之小社區公園
……除了星期四，每天都有開放的兒童遊樂場。
在丹麥學習後，回日本開設的美味麵包店
代代木八幡站
代々木公園
西門
白色咖啡布丁
mar de Cristiano
365日
mimet
一樓是咖啡店，2樓販售生活雜貨
代代木公園站
Cristiano's（葡式料理）
巧克力牛角麵包，裡面有卡士達餡
PATH
黃魚
用浸泡過咖啡豆的牛奶製作而成的布丁，好吃到令人感動。
Stinger
內有葡萄乾與柳橙皮，口感帶有咬勁的絕品丹麥麵包
RHYTHM_AND_BOOKS
繪本收藏豐富的二手書店。
千代田線
NATA de Cristiano's
CAFE ROSTRO
葡式甜點的外帶專門店
極具人氣的葡式蛋塔必吃！
E W. Farmacy
FUGLEN TOKYO
Maruetsu 超市
Musée du Chocolat Théobroma 本店
CAMELBACK
COFFEE SUPREME
90！MUFFINS 90！
純素馬芬蛋糕
奧澀谷巧克力小八，好吃的巧克力餅乾。
6顆裝的盒子超可愛
Archivand
DORIAN GRAY
NHK攝影棚公園
魚力
魚很好吃的定食餐廳
SHIBUYA PUBLISHING & BOOKSELLERS
時髦的書店
〈井之頭通〉
NHK廣播電視中心
便當與刨冰的專賣店。外觀如蛋糕一樣的刨冰，很難預約的人氣店家。
瑞兆
〈ORCHARD ROAD〉
有很多講究質感、氣氛悠閒，具有「大人味」的店家。
奧澀谷
如果想要外帶也可以，但內用的品項比較豐富。
東急百貨澀谷本店
MARUZEN&
丸善&淳久堂書店澀谷店
往澀谷車站

TOKYO TOWER

永遠美麗的東京鐵塔

1 藍天下的鐵塔　2 從增上寺眺望東京鐵塔
3 掛上聖誕燈飾，簡單就是美
4 跨年時會顯示西元年燈號，充滿了節慶氣氛！

2

1

4

3

不論是白天、傍晚或夜晚，東京鐵塔都展現各式各樣的美麗姿態。東京鐵塔會根據季節換上不同的外衣，夏季夜晚打上白色燈光、冬天是橘色燈光，週六晚上則是七色彩虹，每逢節慶活動時還會有不同的變化，樂趣無窮。

聖誕節的東京鐵塔

從赤羽橋車站出來，穿越馬路後就會看見東京鐵塔，東京鐵塔以巍然聳立的姿態迎接我們，讓女兒興奮不已！
東京鐵塔60週年的聖誕節，愛心形的彩燈閃閃發亮。
哇～！
好壯觀啊！

不管是遠眺或近看，東京鐵塔總是能深深觸動我心。它與晴空塔帶給我的興奮感截然不同，東京鐵塔散發著一股獨特的溫柔氣息。這一天，我第一次帶著女兒到我最喜歡的鐵塔參觀。

自從女兒看到朋友S小姐生日當天晚上在東京鐵塔的照片後，就一直拜託我帶她去東京鐵塔看看。當時正好是聖誕季，鐵塔入口擺放了一棵很大的聖誕樹，還有霓虹閃爍的聖誕夢幻燈飾，實在美極了。

我一次登上鐵塔頂端已經是十幾年前的事了，原本在鐵塔下方的蠟像館與水族館已經關閉，特別瞭望台也已經改成一個時髦的名稱「TOP DECK」（從前的「TOWER大樓」也改名為「FOOT TOWN」），看來這幾年的改變不少，跟那時比起來，海外遊客也變多了。這一天，東京鐵塔果然人潮洶湧，只好放棄了TOP DECK，改到位於鐵塔中間的MAIN DECK。

女兒看到壽星S小姐在東京鐵塔的彩燈照片後，
就嚷嚷著要來。

東京鐵塔的壽星禮

生日當天或前後一天參觀東京鐵塔的壽星，可享有以下優惠。

1 在鐵塔內的咖啡廳免費獲取一份甜點。
2 贈送東京鐵塔原創商品。
3 贈送「東京王子飯店」或「東京皇家王子大飯店」的優惠券。
4 限定相框的照片服務（另外付費）。

東京鐵塔的紙工藝品

S小姐
吃到可麗餅了！
生日卡片

超級開心的女兒。
鐵塔上的造型燈飾好可愛♡

我是在東京鐵塔40週年紀念日1998年12月23日出生的喔！

擺放在「FOOT TOWN」3樓紀念品店「GALAXY」的聖誕樹，上面掛滿玩偶的裝飾品。

諾朋兄弟的雙胞胎哥哥，哥哥與弟弟沒有個別名稱。
東京鐵塔娃娃「TAWAO」

與東京鐵塔官方吉祥物「諾朋兄弟」打招呼。長形的頭部與東京鐵塔相似，外型十分可愛，連運動鞋的細節設計都很講究。

東京鐵塔的過往今昔

欣賞從前的照片相當有趣，一旁還展示有身穿制服的假人模型，看妝髮與體型就知道屬於哪個年代。

歷代制服

2018
1988
1973
1971
1958
泡沫經濟時代！
鬱金香帽
剛開業時是奧黛莉赫本風
現在是優雅的打扮
女兒最喜歡這套
粉紅色♡
皮爾卡登的前衛風格，帽子很漂亮
我最喜歡這套

這次造訪東京鐵塔是在二〇一八年的年底，東京鐵塔也在這一年慶祝60週年，因此舉辦了各種紀念活動。其中我最喜歡的是在一樓的「歷代制服復刻展」，重現了從一九五八年開業至今的13款制服。歷代制服的變遷融合當時的流行元素，十分有趣。二〇〇二年我曾為了撰寫新書前來，當時還是方格花紋的制服，不禁感慨時光飛逝。

我第一次登上東京鐵塔是在小學六年級。小學四年級搬到東京以後，週末經常和家人外出遊覽東京各處。二、三十歲時也偶爾會到東京鐵塔來觀光，近幾年每次到訪都發現它不斷地翻修進化中。我懷念東京鐵塔在我記憶中舊時的模樣，同時也為它的新面貌興奮不已。

即使它的內部裝潢改變了，溫暖的橘色燈光一如往昔。東京鐵塔就像一盞溫柔的燭光，照亮了東京這座大城市。對於我這個沒有固定居所的北漂族來說，東京鐵塔也許就是故鄉的象徵。

當時小學六年級的我。
背景是「KERORIN」的可愛廣告，
現在是單色調的時尚氛圍

展望台今・昔

現在的MAIN DECK

玻璃地板的天空步道

走在高150公尺的玻璃
上方，驚險刺激！
（1F）

一點都不可怕（女兒）

不不不…！

郵筒

2015年設置的
郵筒（2F），會幫你
蓋上東京鐵塔的風景
郵戳喔！

郵筒旁邊附設寫字桌，
在2F紀念品店可以買到
郵票與明信片。

鐵塔大神宮

20週年紀念時興建的
小神社依舊健在（2F）。

也有販售繪馬和御守

身為東京23區內最高的一座神社，當然少不了考試的護身符

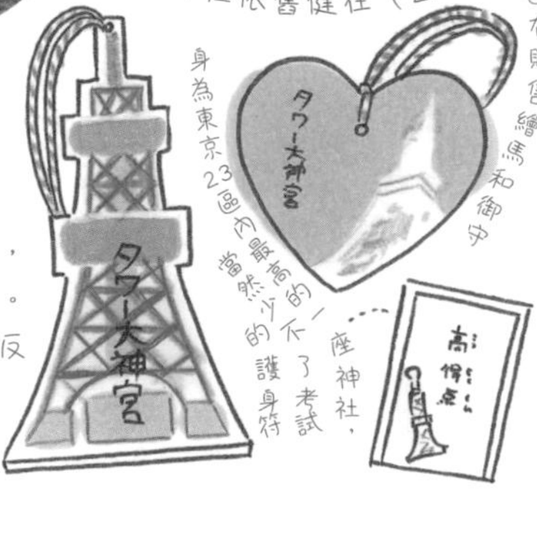

咖啡廳

在「Café La Tour」
來支「鐵塔霜淇淋」，
順便眺望窗外的絕景。
只要把霜淇淋的紙套反
折，就會變成鐵塔的
樣子（1F）。

紀念品

包裝紙也是保留從前的樣子

東京紀念品商店街

位於FOOT TOWN 2樓一角的「舊紀念品商品街（註）」還保留原來的模樣，雖然店鋪已經減少許多，景象依舊令人懷念。

「紅葉屋」的可愛鑰匙圈♡

忍不住買了謎樣的天才妙老爹挖耳棒……

註：2021年商店街進行整修，部分店家可能已停止營業。

東京鐵塔官方紀念品店 GALAXY

如果要買比較時髦的紀念品，就到FOOT TOWN 3樓的官方紀念品店。推薦鐵塔的各種原創商品，種類十分齊全。

鐵塔原子筆

塑膠製的質感很可愛

這是筆蓋

無法抗拒這些仿照鐵塔造型製成的商品！

「山田養蜂場」的3種鐵塔造型蜂蜜

礦泉水

FOOT TOWN的樓梯仍保有以前的痕跡⋯。

與同樣位在港區的啤酒廠「Inazuma Beer」聯名的原創啤酒，屬於印度式淡色艾爾的風格，苦味十足卻又充滿果香。

東京鐵塔巧克力餅乾

TOP DECK TOUR

250公尺高的TOP DECK，只有參加官方行程的客人可以入內參觀，後來過幾天我自己一人來參加了。

費用包含紀念照片與飲料，3000日圓（含稅）。

茶飲
Top Deck News
紀念照片會設計成報紙頭版的樣樣

下樓的風景…

回程從MAIN DECK走600個階梯下樓，大約要走8分鐘。透過圍欄，一邊欣賞夜景、一邊慢慢走下樓。

如果要從樓梯走上來，只限定週末與國定假日的11～16點開放，大約要走15分鐘。

7歲以後就沒有再走過了…

雖然擔心隔天會肌肉痠痛（結果沒事），但是後頭有獎勵在等著我～

因為四面都是鏡子，形成一個虛幻飄渺的空間。果然景色超美麗！

從MAIN DECK上來要轉搭電梯，要等待好一段時間，沒耐性的女兒大概還不行吧？！

使用位在250公尺高的洗手間時，心情莫名地緊張。

心跳加速

從鐵塔正下方仰望，超級壯觀！

雖然誰都可以看到FOOT TOWN的屋頂，但自己走下來依然很有成就感！

◆東京鐵塔
港區芝公園4-2-8
https://www.tokyotower.co.jp/
MAIN DECK（150公尺）9:00～23:00
（最終進場時間22:30）
TOP DECK（150公尺＋250公尺）
9:00～22:45
（最終行程22:00～22:15）

＊依據現場人潮，MAIN DECK的最後進場時間可能會提早。
＊因應天候狀況，TOP DECK可能會停止營業。

同場加映!!

東京晴空塔

Tokyo Skytree（押上）

人生第一次去參觀東京晴空塔，是在2012年開業不久後，我去附近的水天宮祈求生產順利，回程途中順便去了晴空塔。現場人潮擁擠，連展望台都上不去。在那之後，我就一直只有從遠處眺望。雖然我個人更喜歡東京鐵塔，但是不管從車子裡或是走在街上，看到晴空塔聳立在高空的姿態，內心還是會感到澎湃洶湧。晴空塔比東京鐵塔高上近一倍，不愧是東京現在的新地標。

從藏前的藝廊「KAWAUSO」眺望位在隅田川另一側的晴空塔。

AZABU
散步山之手：麻布

Warou Flat
Gallery SU
Hinagiku Kitsune

「和朗FLAT」有80年以上的歷史，漫步在這裡，彷彿能感受到不一樣的時光。

大使館林立、寧靜的山之手高級住宅區——麻布台，以及充滿國際色彩又同時兼具下町風情的麻布十番。盡情漫步在綠意環繞的坡道上吧！

在國際文化會館午餐

昭和時代初期，由三菱集團第四代屋主岩崎小彌太的宅邸改建成的庭園，與1955年所完成的建築物完美融合。

可遠眺六本木的摩天大樓
石頭的裝飾真是太美了……
會館的工作人員蘆葉先生十分熱愛庭園

◆國際文化會館
港區六本木5-11-16
www.i-house.or.jp/
＊票價不含服務費。

一九五二年成立的國際文化會館，目的是希望透過文化交流以促進日本與國際間的理解與認識。平常當作演講或座談會使用，只有會員能利用館內的住宿設施，不過餐廳、咖啡廳與結婚會場可開放給一般民眾使用。

此會館最大的特色，是由三位建築巨匠——前川國男、阪倉準三、吉村順三共同設計的這棟房屋。水泥構造、檜木材質的窗框與大谷石的組合搭配，具有現代化的建築風格卻不失手工的溫暖。不論是出自天童木工（註：日本一家專賣木製家具的公司）擺放在大廳的沙發、齋藤清的版畫或是保留傳統風格的內部裝潢，每個細節都極為出色。

漂亮的庭園曾經是江戶時代的武士宅邸，由京都的知名造園師小川治兵衛在昭和五年改建成迴遊式庭園，打造出一座與圍牆外截然不同的小天地。

你可以在昭和時代的現代主義建築內享用午餐、品茶，或是漫步在綠意盎然的庭園裡，這裡絕對是個可以度過悠閒時光的好地方。

津津有味地吃著咖哩。
好像對這裡早已習以為常的紳士，
啊～庭園裡有人在舉辦婚禮！
好棒⋯
午間套餐是蒸豬肉佐火烤鹽蔥醬
1500日圓
（附飲料）

Tea Lounge「The Garden」

2樓的茶室保留了當時完工的模樣，我一邊吃著午餐、一邊俯瞰著庭園，耳邊不時傳來英語的交談聲。

曾經在板倉準三建築研究所工作的長大作（設計師名）所設計的「柿子椅」，外型看起來的確很像柿子，也保留了製作當時沒有使用到任何一根螺絲的椅子。

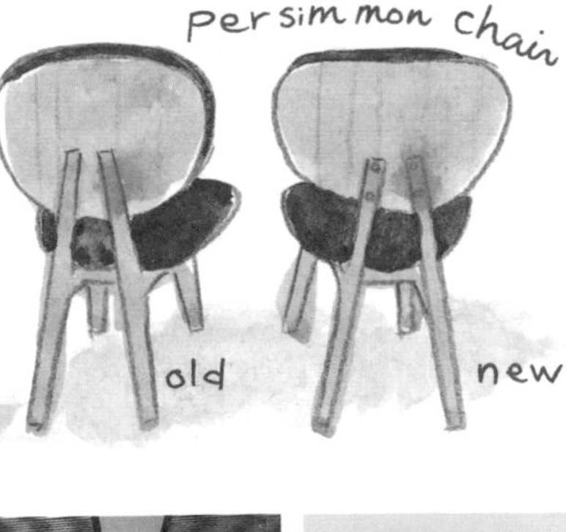
persimmon chair
old
new

大廳裡的會員專用桌。
畫面好像一幅畫。

池塘正前方的餐廳「SAKURA」，在這裡用餐的風景也很棒！

大谷石材質的牆壁讓人有一種放鬆感。

麻布私房景點

Gallery SU

外門與內門之間的裝飾架

◆**Gallery SU（ギャラリーSU）**
港區麻布台3-3-23 和朗FLAT四號館六號室
http://gallery-su.jp/

藝廊正在展示法國藝術家Robert Coutelas的作品，一幅幅明信片大小尺寸的繪畫，靜靜地陳列在館內牆上。

Coutelas的藝術作品都很酷

從可以看到東京鐵塔的麻布台飯倉片町十字路口旁的小巷弄拐進去，冷不防出現一棟西班牙殖民風格的建築物。這棟被含羞草與針葉樹圍繞、散發出典雅氣息的集合住宅，名為「和朗FLAT（和朗フラット）」。昭和11年左右所建造的七棟房屋，目前只留下三棟，分別由不同的不動產公司管理，現在仍當作一般的公寓使用。

其中四號館設有藝廊與咖啡廳，這天我終於可以到建築物內部一探究竟。每個房間的窗戶、門的形狀與灰泥牆的圖案多少有點不同，是一棟充滿玩心的建築物。四號館維護的特別好，可以感受到他們對這棟建築物的喜愛。

「Gallery SU」只有在展覽期間對外開放，裡面展示著與房間大小相稱的精緻作品，呈現出一種像是在教堂裡的純淨空靈感。另外還有一間一個月只營業三天的素食甜點店「雛菊狐狸咖啡館（ひなぎくきつね）」，是一處讓你彷彿進入童話世界的夢幻空間。

ひなぎくきつね

雛菊狐狸咖啡館

只要講到蛋糕的話題，老闆森小姐的眼睛馬上像少女一樣閃閃發亮。
也有提供酒精飲料，中午就開喝！
超愛麻布的小P

小小的咖啡廳裡只擺了四張桌子，陽光從大片的窗戶照射進來。一年有三分之二的時間住在八之岳的森小姐，使用當地生產的蔬菜手工製作法式鹹派與蛋糕，每道菜都散發著可口的光芒，讓人不知該如何選擇。

這道前菜有佛卡夏與醃漬物、堅果，超時髦的搭配！
這道甜點的名稱叫「山女孩」。
含有大量蔬果的法式鹹蛋糕，有滿滿的青菜、蠶豆與玉米。海綿蛋糕的甜味與鹹味搭配得很棒。
醋栗的果實與檸檬風味的蜂蜜蛋糕，淋上優格更增添美味。

點心一律500日圓

◆雛菊狐狸咖啡館（ひなぎくきつね）
港區麻布台3-3-23 和朗FLAT四號館
https://www.hinagikukitune.com/

CHIANTI 飯倉片町本店

店裡呈現懷舊典雅又帶有現代風格的氛圍，內部的裝潢相當獨特，燈光使用宛如舞台上的聚光燈，很有意思。

男性顧客穿著有領子的正式服裝。

甜點是提拉米蘇♡

配上法式多蜜醬汁一起享用的炸牛肉排，口感酥脆。長棍麵包沾上鮮綠色的羅勒醬，絕對讓你一滴也不剩地吃個精光。

「BIANCO套餐」附前菜、湯品、主菜、甜點和飲料，4400日圓（含稅）

◆CHIANTI飯倉片町本店
港區麻布台3-1-7
http://www.chianti-1960.com/
＊價格不包含服務費

據說在一九六〇年代，每個夜晚都有來自各界的名人與明星聚集在這家義式餐廳「CHIANTI」，不過我是第一次造訪。抱著緊張的心情打開餐廳大門，鮮豔的格紋桌布在昏黃的室內格外醒目，五彩繽紛的燈罩透露出柔和的光線，散發出溫暖的氛圍。

中午時段只提供套餐，內容包括三樣前菜、什錦沙拉、番茄湯，主菜是店內招牌的米蘭風炸肉排與羅勒義大利麵。日本不容易取得的新鮮羅勒由店家自家栽種，而且為了配合日本人的口味，還特別加入了紫蘇葉混合製作而成。

每道菜餚皆色香味美，我和這天生日的朋友一起度過了輕鬆愉快的時光，果然是長久以來受到大家喜愛的名店。

漫步麻布十番

懷舊風格的麵包店
「St Moritz名花堂」。
在起司專賣店
「beillevaire」
專心品味起司的
貝蕾帽女士。
也有不少長輩呢！
商店街兩旁都是斜坡……
讓打扮時髦的媽媽忍不住發出喘氣聲

大使館與高級住宅區林立的街區。這一帶曾經有很多武士宅邸，拆除後的土地被用來興建各國大使館。

這天一起來散步的朋友小P，小時候就經常與母親來麻布十番。服裝科系畢業的母親很喜歡時髦的打扮，也鍾情於麻布這一帶。根據小P的說法，「這裡與四十年前幾乎一樣」，除了聳立的摩天大樓、新店鋪如雨後春筍般冒出，原本的老店鋪也仍舊屹立不搖。

麻布十番商店街是麻布山善福寺周邊最熱鬧的區域，從江戶時代就開始繁榮興盛。橘色的街燈有一種祭典的氛圍，再加上鯛魚燒或仙貝等街邊小吃，果然不負「山之手的下町（註）」之美稱。這裡同時也是各國大使館的聚集地，走在路上的人看起來都相當國際化。光是漫步在這條新潮與庶民氛圍並存又充滿活力的街道上，就是一種奢侈的享受。

註：「山之手」、「下町」源自於江戶時代的特色文化，「山之手」指上流街區，「下町」指庶民區，因此「山之手的下町」是「上流街區裡的庶民區」。

十番店家巡禮

傳統建築的外觀也是白與黑

白黑日式點心

這間裝潢得雅致又現代化的店家，販售「白色與黑色」的日式點心。黑豆與紅豆的味道紮實濃郁，有著清爽不膩的甜味。

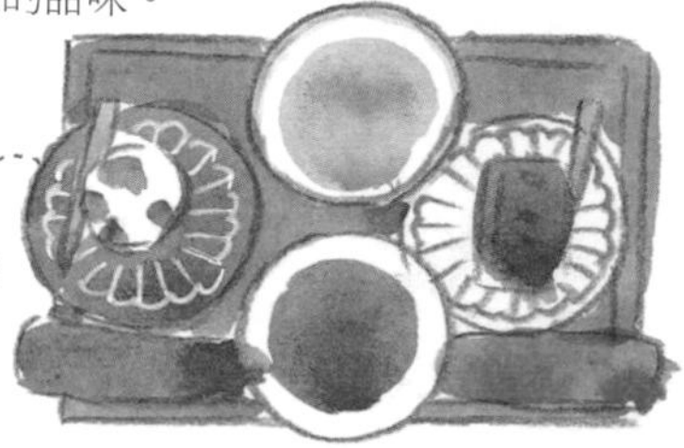
鹹味恰到好處的豆大福與黑豆巧克力蛋糕，可以外帶也可以內用。

◆白黑日式點心（しろいくろ）
港區麻布十番2-8-1
http://www.shiroikuro.com/

狸貓煎餅

從店面到包裝都可看見狸貓的蹤影。

因為包裝吸引人而買下的「起司夾心仙貝」

不管是內容物、包裝紙或紙袋都好可愛！

◆狸貓煎餅（たぬき煎餅）
港區麻布十番1-9-1
https://www.tanuki10.com/

豆源本店

日式豆菓子專賣店，各種豆類零食的種類豐富，讓人不知該如何選擇。

包裝樸素的「現炒花生」。包裹著砂糖的花生，美味到讓人嘴巴停不下來。

◆豆源本店
港區麻布十番1-8-12
https://www.mamegen.com/

St. Moritz名花堂

在地的古早味麵包店，木製的架子上擺滿紅豆蜂蜜蛋糕三明治、西伯利亞蛋糕（以蜂蜜蛋糕夾著羊羹或紅豆餡的日式點心）、果醬蛋糕捲等令人懷念的蛋糕系列與鹹味麵包。

西伯利亞蛋糕的內餡是豆沙羊羹

起司口味的「原宿dog」鬆餅

清爽的小黃瓜三明治

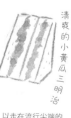

◆St. Moritz名花堂（サンモリッツ名花堂）
港區元麻布3-11-6

註：「原宿dog」是一種鬆餅點心，以走在流行尖端的原宿＋像熱狗一樣單手邊走邊吃為概念而命名。

BTR古董生活用品 ◆

店內販賣從英國進口的椅子、水壺等古董用具，像是在逛跳蚤市場一樣，樂趣無窮。

店家的原創環保袋，款式百搭，使用起來也很方便！
BTR

茶壺的保溫罩好可愛！

◆BTR古董生活用品
港區南麻布1-3-15
www.brownie-tea.com/

MEZONDOROA 蒂羅爾織帶專賣店 ◆

經營50年以上的蒂羅爾織帶專賣店。可應用在各種手工小物的復古的手工織帶，圖案款式多元，我興奮地在店裡尋寶。

穿著華麗卻態度溫柔的老闆娘

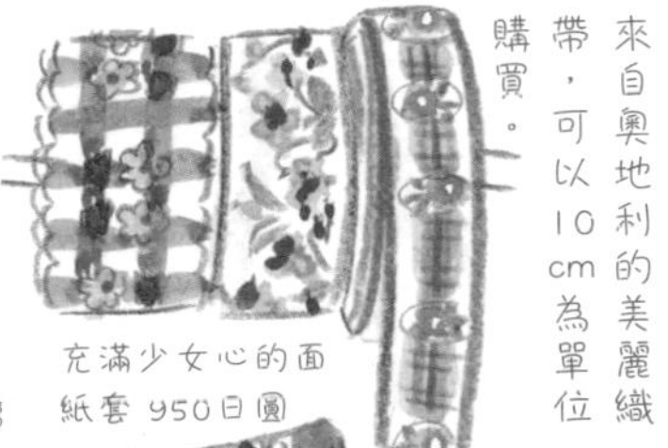
來自奧地利的美麗織帶，可以10cm為單位購買。

將織帶裝飾在邊框，就成為一幅很棒的藝術作品。

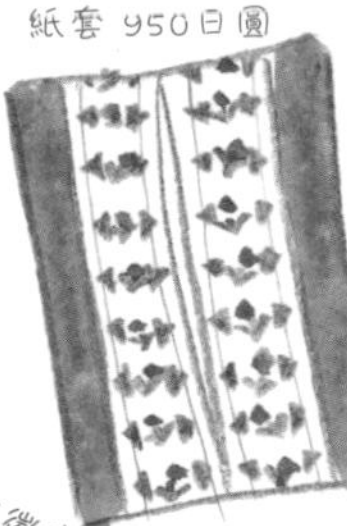
充滿少女心的面紙套 950日圓

帽子也是由織帶製作而成

在法國已停產的手工徽章
愛不釋手

◆MEZONDOROA
（メゾン・ド・ロア）
港區麻布十番1-5-3

AZABU MAP
麻布
時髦的太太
六本木站
首都高速
六本木站
Book1st
六本木店
〈六本木通〉
大江戶線
〈芋洗坂〉
六本木
Grand tower
六本木一丁目站
泉花園大廈
南北線
首都高速
〈麻布通〉
日比谷線
CHIANTI
Gallery SU
雛菊狐狸
咖啡館
Maison Landemaine
麻布台
來自巴黎的超人氣麵包店
招牌是2種可頌
「法式（フランセ）」使用法國奶油，「日式（ジャポネ）」是日本奶油，質地軟Q。
濃郁的閃電泡芙
六本木
Hills
朝日
電視台
六本木蔦屋書店
魚可津
魚類新鮮好吃的居酒屋，前身是昭和初期創立的鮮魚店。
國際文化會館
東洋英和
女學院
〈鳥居坂〉
MEZONDOROA
麻布十番站
Baillevair
（起司）
St Moritz
名花堂
〈暗闇坂〉
白黑
狸貓煎餅
〈麻布十番通〉
豆源本店
麻布十番站
浪花家總本店
十番商店街的門面，招牌是鯛魚燒，即使只買一個也可以預約。
外皮酥脆，內餡飽滿，小小一個就能徹底滿足味蕾！
美麗的麻布少女
元麻布
Hills
善福寺
BTR

同場加映!!

新大谷酒店日式庭園

Hotel New Otani Japanese Garden（四谷）

「新大谷酒店」擁有偌大的庭園造景，甚至還有瀑布，相當有看頭。周圍被江戶城的護城河環繞，曾經是戰國時代的武將加藤清正的別邸以及井伊家的庭園，已經有400年的歷史。散步後，前往裝潢復古又融合現代風格的「Garden Lounge」喝杯茶，從餐廳裡還能俯瞰庭園的美麗景致。

飯店的主樓在1964年完工，有著各種花色的地毯、空曠的橋廊，館內顯得相當氣派。
庭園裡有白鷺鷥飛來飛去

前往祈禱的聖地

沿著主要道路「井之頭通」一路走下去，
就會看見白色清真寺。
朋友用毛衣、我用手帕
代替頭巾。

每當我坐上小田急線的電車，透過車窗看到這座大型清真寺時都很好奇。從代代木上原車站步行6~7分鐘，即可抵達日本最大的土耳其奧斯曼建築樣式的清真寺——東京清真寺暨土耳其文化中心。

這座清真寺的由來，是一九三八年從俄羅斯大城「喀山」逃亡到日本的土耳其人興建了「東京回教禮拜堂」。現在的清真寺是從土耳其訂購建築材料，然後召集工匠於二〇〇〇年完工。原以為除了信徒以外不能進入，沒想到外牆上掛著寫著「自由參觀」的巨大布條，大門也已經敞開。

進入禮拜堂時必須將頭髮蓋住，寺院也提供租借頭巾的服務。禮拜堂內因為高中生團體與海外觀光客而熱鬧非凡。由無數片的磁磚以及彩色玻璃點綴裝飾的禮拜堂，簡直美到令人屏息。坐在裡面好一段時間，感覺自己的心靈被徹底洗滌了一番。

休息區設有販賣陶瓷與伊斯蘭教相關商品的禮品區，以及清真食品的小型超市和咖啡廳，來到這裡很能感受到旅行的氛圍。

◆東京清真寺暨土耳其文化中心
澀谷區大山町1-19
https://tokyocamii.org/ja/

東京清真寺暨土耳其文化中心

上層是女性專用的禮拜區，可以近距離看到圓頂天花板的模樣。

◆ 休息區 ◆

貼有磁磚的暖爐
實在太美了…

入口處窗戶的細部裝飾也讓我深深著迷。

同場加映!!

築地本願寺

Tsukiji Honganji（築地）

作風開放的築地本願寺非常獨特，雖然是日本寺廟，氣派的外觀卻仿造了古印度佛教的建築風格，外加融合了日本、西方與亞洲各國文化的樣式。寺廟境內設有咖啡廳與書店，每年8月上旬還會舉辦號稱「日本第一好吃」的盂蘭盆舞大會。

寺廟建於1934年，窗戶形狀很像伊斯蘭教的清真寺。
每月最後一個星期五的中午時段，會舉辦管風琴的演奏會。

UENO
城市綠洲與庶民風情交織而成：上野

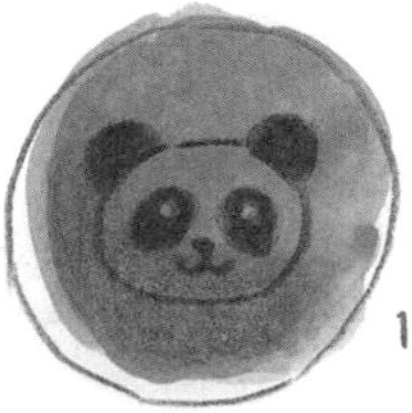
1

2

美術館、博物館以及雄偉的建築物林立，還有美麗的池塘與充滿綠意的公園。瀰漫戰後黑市氣息的阿美橫丁，酒吧區從白天開始就人聲鼎沸。完美融合兩種風情的上野，是一處越深入探索越讓人無法自拔的區域。

車站或街道上都可看見熊貓的身影

3

4

5

1 上野車站ecute「紀伊國屋」的紅豆麵包
2 日式點心店「舟和」的熊貓圖案豆沙球。
3 上野動物園前的郵筒。
4 不忍池公園的遊樂器材。
5 我很喜歡的居酒屋招牌。圖中的人物從左上角順時針依序是西鄉隆盛、熊貓、塔摩利、寅次郎（註）。

註：寅次郎是富士電視台經典電視劇《男人真命苦》的主人翁；西鄉隆盛是江戶時代末期推動「大政奉還」的重要政治家；塔摩利是是日本知名主持人，最知名的節目是《Music Station》。

愛戀・上野公園

每年的7月中旬到8月中旬是賞蓮花的最佳時期，
特別是清晨一大早到中午前可以看到盛開的蓮花。
Shino bazu-no-ike
不忍池
站在賞蓮看台可以看得更清楚～
…住在千駄木時的鄰居M小姐

5月下旬時的上野公園不忍池。
在池邊的水上音樂廳拍下的風景。

我一直住在東京的西邊，結婚後搬到了文京區的千駄木，這是我第一次居住在東半部的街區，在這裡生活了兩年。我曾經討厭上野的庸俗雜亂，卻在這個時期開始喜歡上它。

喜歡上野最主要的原因是上野公園，當時我經常騎著腳踏車去公園散步。懷孕時，我也在冬天的早晨挺著大肚子漫步在公園內，那時公園裡的人不多，我享受著一望無際的藍天與和煦的晨光。公園裡在假日十分擁擠的星巴克，平日的客人較少，可以悠閒地享用早餐。

這一天，我選在一大早就烈日當空的盛夏時分造訪上野公園。不忍池的池邊春天櫻花綻開、初夏有繡球花、秋天賞楓、冬天有著清澈藍天，一年四季有不同的美景變化，但最引人注目的還是夏天盛開的蓮花。不忍池的蓮花從江戶時代起就經常出現在浮世繪作品中，是知名賞蓮勝地。

現在我造訪公園的目的幾乎是為了美術展覽。公園內以及其周邊聚集許多美術館、博物館，而且每一棟建築物都有一定的歷史。因為我很喜歡建築物，每當來到這裡，都能獲得無法取代的回憶與感官衝擊。

Benten dō
弁天堂

弁天堂的弁財天是掌管買賣與文藝的神明。

各種民間團體捐贈的石碑，
隨意擺放在弁天堂的參道上。

竟然還有河豚供養碑、
包丁塚，四處走走
看看，很有意思。

仿造德川家康的眼鏡
製成的「眼鏡碑」。

Historic building street
歷史建築物街區

我很喜歡往谷中方向的這條路，穿過東京藝術大學，
左邊可以看到1890年建造的舊東京音樂學校奏樂堂。

◆都立上野恩賜公園
台東區上野公園（池之端3丁目）
https://www.kensetsu.metro.tokyo.lg.jp/jimusho/toubuk/ueno/index_top_001.html

國際兒童圖書館以及裡面的藝廊皆免費參觀。

1933年建造、1997年停止營運的京成電鐵「博物館動物園站」。

怎麼拍都漂亮的東京文化會館。

Tokyo Metropolitan Museum

東京都美術館

上野的所有美術館裡，我最喜歡的是上野公園裡的「東京都美術館」。第一次造訪是高中二年級時，為了觀賞心中嚮往的美術大學畢業展。來到這座熟悉的美術館，一踏入館內，我的心靈就得到平靜。

與「東京文化會館」相同，都是由前川國男設計。

各樓層大廳的牆壁有藍、黃、綠不同顏色變化。並列著的椅凳色彩繽紛，是一個「網美系」空間。從這裡可以眺望窗外充滿綠意的風景，我很喜歡。

◆東京都美術館
台東區上野公園8-36
https://www.tobikan.jp

「展覽室A、B、C」宛如地下神殿一樣，太酷了！
利用樓層各自獨立的結構，陳列許多特色展覽。

2018年的「便當展」，由蜂巢狀的小型分隔間排列組成。

＼從上野公園步行就能抵達！／

舊岩崎邸庭園

三菱集團第三代社長岩崎久彌的宅邸，是1896年由英國建築師康德（Josiah Conder）設計建造。
可以在館內悠閒參觀，仔細品味其壯麗的設計。

牆壁上有許多浪漫的裝飾♡
散發少女心的客房布置，採用粉紅色與水藍色的配色。

使用英國維多利亞風的磁磚！

地板的手工藝也很精細，太美了！

打造成山屋風格建築竟然是撞球間！

被稱為「和館」的空間被保存至今，這裡曾經是岩崎家的生活空間，現在這裡開設了咖啡廳，提供抹茶與岩崎久彌先生喜愛的「小岩井農場」冰淇淋。

◆舊岩崎邸庭園
台東區池之端1丁目
9:00～17:00（最後入園16:30）
費用：一般400日圓，65歲以上200日圓
https://www.tokyo-park.or.jp/park/format/index035.html

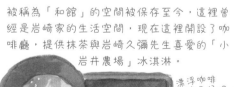

慢步・上野

甜點

うさぎや 兔屋

我超愛吃銅鑼燒！
這間「兔屋（うさぎや）」在東京一共有3間店，上野店是創始店，還有其他兩間由親戚經營的分店，分別位在日本橋以及我現居的阿佐谷，每家分店的經營方法與味道各有其特色。

屋頂上的兔子
夜晚會發光喔！
うさ

散發高級甜味的銅鑼燒是店內招牌，但是這個加入銅鑼燒紅豆餡的霜淇淋也好吃到讓我驚豔。
添加煉乳的濃郁好滋味，吃起來卻很爽口♡
450日圓（含稅）

兔屋咖啡廳 うさぎや CAFÉ

咖啡廳就位在「兔屋（うさぎや）」旁的小巷弄內，超人氣的兔子鬆餅只有在開店後十分鐘內排隊的客人才吃得到。現做的銅鑼燒外皮由工廠直送，是很少見的一道美味甜點！

現場發派鬆餅的服務很有趣！
店裡只有26個座位，週末大約會有多達60人在排隊（但只要在10分鐘內排隊就可以吃到）。
4片熱呼呼的鬆餅皮放在托盤上！
咖啡可以免費續杯（晨間限定）。

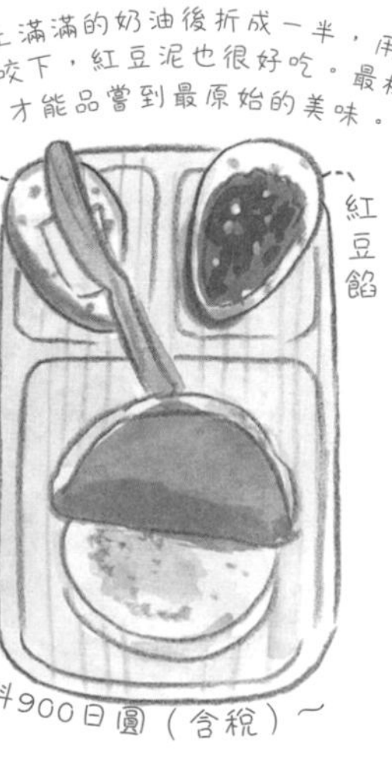
將鬆餅塗上滿滿的奶油後折成一半，用手拿著大口咬下，紅豆泥也很好吃。最樸實的吃法，才能品嘗到最原始的美味。
奶油
紅豆餡
含飲料900日圓（含稅）～

◆兔屋（うさぎや）
台東區上野1-10-10
http://www.ueno-usagiya.jp/

◆兔屋咖啡廳（うさぎやCAFÉ）
台東區上野1-17-5 1樓
http://usagiya-cafe.com/

購物

充滿綠意的書店，店裡依照登山、服飾、烹飪等不同主題，陳列著各式各樣的特色書籍。

ルートブックス
ROUTE BOOKS

買到的好書～
繪本書「好想要有一棵大樹（おおきなきがほしい）」
おおきなきがほしい
賦予舊物新生命的「創意修補法（お繕いの發想法）」
可以在咖啡區一邊啜飲咖啡、一邊看書，店內也有販售價格合理的綠色植物，是一間適合挖寶的店。

◆ROUTE BOOKS書店
台東區上野4-14-3
Route Common 1樓
http://route-books.com/

nico

位在老舊大樓的一角，像是通往祕密基地一樣的樓梯，也堆滿了色彩繽紛的各國生活雜貨。集結了來自俄羅斯、英國、巴西、泰國、台灣各國的生活雜貨，可在此享受尋寶的樂趣。

泰國
印度
台灣
台灣
衣服的花邊、蕾絲、包邊…，好想用這些手作小物來做點什麼～
泰國的甜點杯
俄羅斯奶奶的睡袍
超有趣的一家店！

◆nico
文京區湯島4-6-12 湯島High Town B棟103號室
https://nico-store.net/

上野這一帶，有許多從平日白天開始就喧囂不已的「立食居酒屋」（「立食」是指站著用餐），請帶著輕鬆的心情去大快朵頤吧！

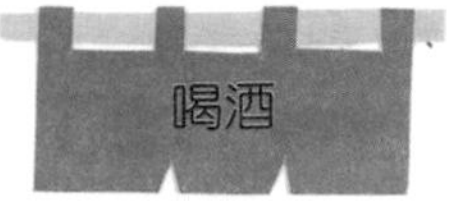
喝酒

大山
MEAT DISH & BEER
我喜歡店裡面的站立區！
一手拿著炸火腿與炸肉餅，配上大杯啤酒～

肉の大山

緊鄰在丸井百貨後方的立食居酒屋KADOKURA（カドクラ）、TAKIOKA（たきおか）、大山三家店，在當地俗稱「炸火腿鐵三角」。其中，我最常光顧的就是大山。

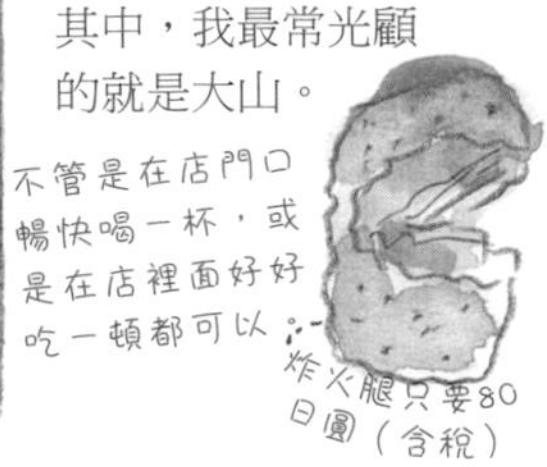
不管是在店門口暢快喝一杯，或是在店裡面好好吃一頓都可以
炸火腿只要80日圓（含稅）

◆**肉的大山（肉の大山）上野店**
台東區上野6-13-2
www.ohyama.com/

味の笛

櫃檯整齊排放著美味的料理，經營方式很像自助式餐廳，是一間很有趣的立食居酒屋（店裡也有座位區）。與左頁的「吉池食堂」，都是由御徒町的超市「吉池」所經營。

有馬鈴薯沙拉、花枝一夜干、炸旗魚、生魚片……。
價格約200～400日圓

◆**味之笛（味の笛）**
台東區上野5-27-5

單點型居酒屋

昇龍

位在阿美橫町的高架橋下，受到大家愛戴60幾年的老店，招牌是皮厚多汁的巨大餃子。

吃一盤就飽了！500日圓（含稅）

◆**昇龍**
台東區上野6-10-14

RUTTEN_

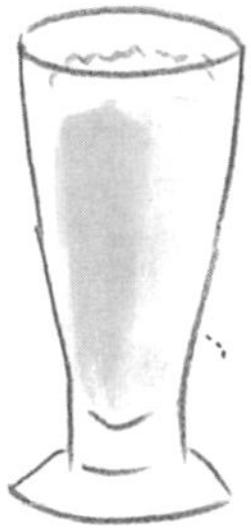

在皇居外苑前的精品眼鏡選品店「BLINC」的品牌之一「荒岡眼鏡」，第三代老闆荒岡先生在本地開設的咖啡廳，中午時間提供咖啡與酒水，是一間適合小憩片刻的舒適店家。

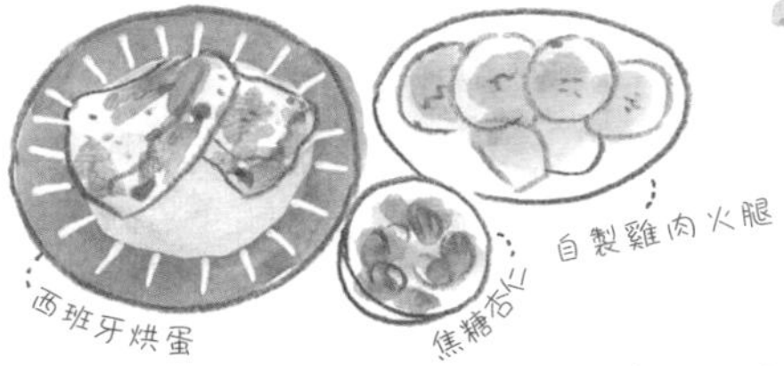

自製雞肉火腿
焦糖杏仁
西班牙烘蛋

開朗的荒岡先生是上野的在地人，也是他介紹我昇龍以及味之笛這兩家店。

◆RUTTEN_
台東區上野5-5-10 1樓
www.instagram.com/rutten_ueno5/

上野是日式豬排的發源地

ぽん多本家 PON多本家

開業於明治38年的日式西餐廳，
據說是東京的炸豬排創始店。
平常我不太愛吃里肌肉，但是這間店的炸里肌肉吃起來肉質鮮美又爽口！

附贈薯條
炸豬排2700日圓
+500日圓可升級為套餐

◆PON多本家（ぽん多本家）
台東區上野3-23-3

吉池食堂

男人們的愉快聚餐

以販賣海鮮為主的超市「吉池」直營的食堂，從寬敞又乾淨的店裡可以看到晴空塔。上了年紀的男男女女都在大快朵頤著美酒佳餚，氣氛十分熱鬧。

◆吉池食堂
台東區上野3-27-2
http://www.yoshiike-group.co.jp/restaurant.html

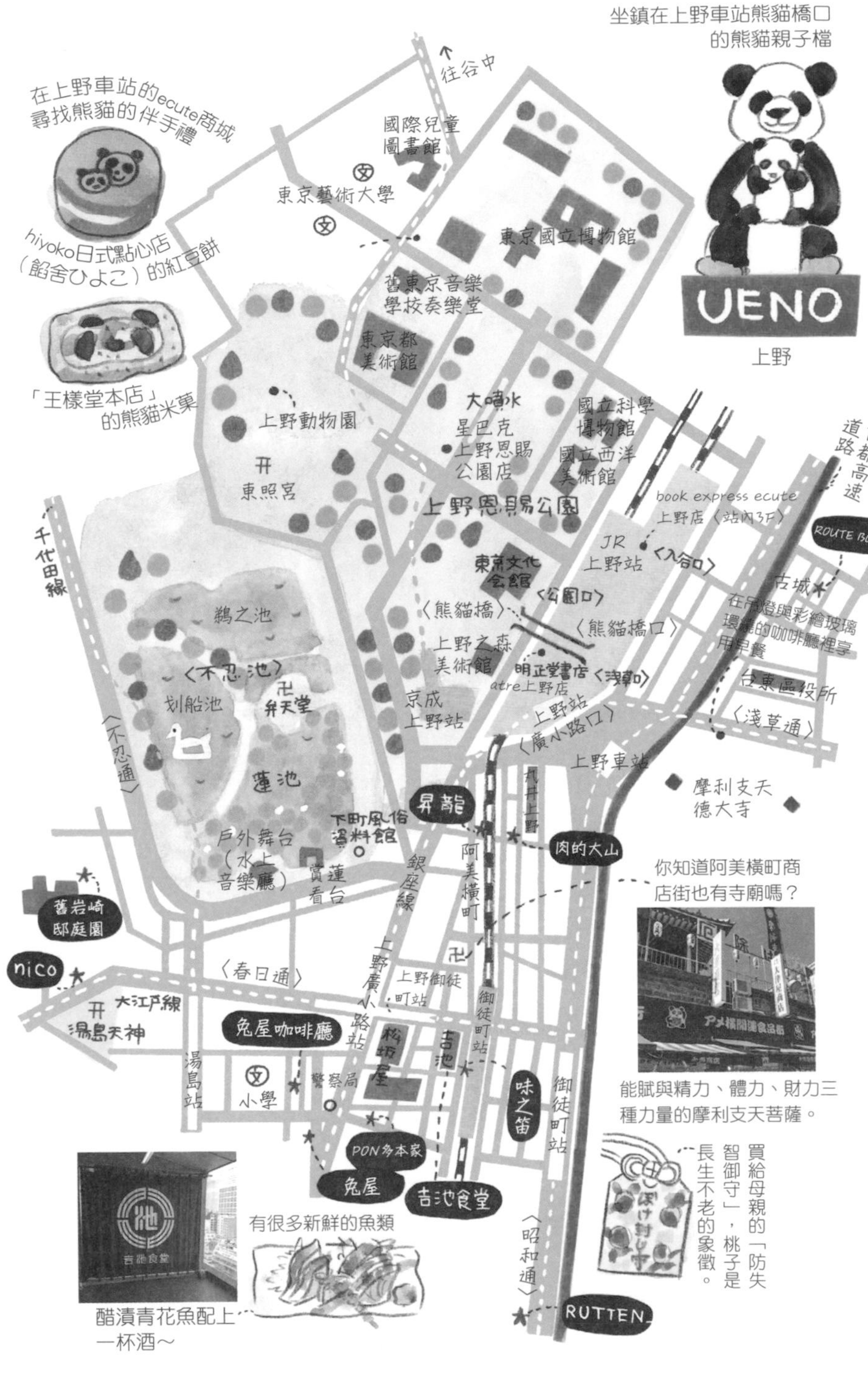
坐鎮在上野車站熊貓橋口
的熊貓親子檔
UENO
上野
在上野車站的ecute商城
尋找熊貓的伴手禮
hiyoko日式點心店
（鉛舍ひよこ）的紅豆餅
「王樣堂本店」
的熊貓米菓
往谷中
國際兒童
圖書館
東京藝術大學
東京國立博物館
舊東京音樂
學校奏樂堂
東京都
美術館
上野動物園
大噴水
星巴克
上野恩賜
公園店
國立科學
博物館
國立西洋
美術館
東照宮
上野恩賜公園
book express ecute
上野店〈站內3F〉
JR
上野站
〈入谷口〉
東京文化
會館
〈公園口〉
〈熊貓橋〉
〈熊貓橋口〉
首都
高速
道路
ROUTE BOOKS
古城
在吊燈與彩繪玻璃
環繞的咖啡廳裡享
用早餐
千代田線
鵜之池
〈不忍池〉
划船池
弁天堂
蓮池
上野之森
美術館
明正堂書店
atre上野店
〈淺草口〉
京成
上野站
上野站
〈廣小路口〉
台東區役所
〈淺草通〉
上野車站
摩利支天
德大寺
〈不忍通〉
昇龍
下町風俗
資料館
戶外舞台
（水上
音樂廳）
賞蓮
看台
銀座線
阿美橫町
丸井上野
肉的大山
你知道阿美橫町商
店街也有寺廟嗎？
能賦與精力、體力、財力三
種力量的摩利支天菩薩。
舊岩崎
邸庭園
nico
〈春日通〉
上野廣小路站
上野御徒
町站
御徒町站
大江戶線
湯島天神
兔屋咖啡廳
湯島站
小學
警察局
松坂屋
吉池
味之笛
御徒町站
PON多本家
兔屋
吉池食堂
買給母親的「防失
智御守」，桃子是
長生不老的象徵。
有很多新鮮的魚類
〈昭和通〉
RUTTEN
醋漬青花魚配上
一杯酒～

同場加映!!

舊安田楠雄宅邸

Kyū-Yasuda kusuo tei（千駄木）

我在東京的文京區千駄木住過兩年，寧靜的住宅區曾經有許多文人與企業家居住，現在留下很多老屋。其中「舊安田楠雄宅邸」是前財團安田家住過的房子，裡面除了有漂亮的庭園，還有融合東西方、在大正昭和初期建造的高級住宅。每月的星期三、六開放參觀，建議和附近的「島薗宅邸」（每月第一個和第三個星期六開放參觀）一起遊覽。

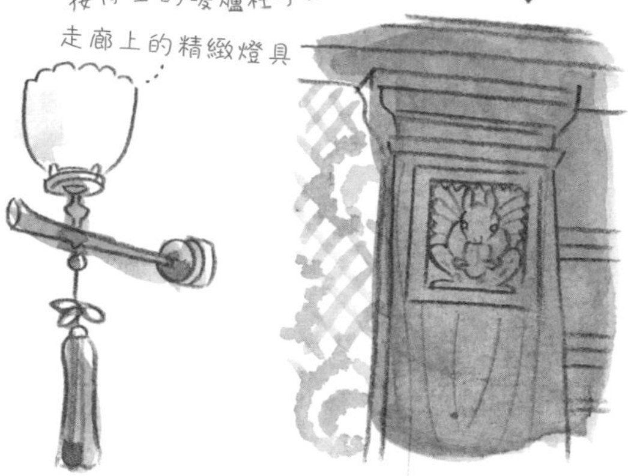
接待室的暖爐柱子上有松鼠的雕刻♡
走廊上的精緻燈具

暖爐前的聚會

COEDO啤酒與暖爐 自由學園明日館

1999年的修復工程，發現了牆壁後方的壁畫，在自由學園成立10週年紀念時，由學生們繪製而成。

「自由學園明日館」是在一九二一年由美國建築師弗蘭克・勞埃德・賴特（Frank Lloyd Wright）設計而成。館內除了有包含茶點的參觀行程，也經常舉辦展覽、音樂會等各項活動，是一處相當自由開放的重要文化財產。這座散發著機能性美感的建築物，無論何時來訪，都讓我感覺身心得到了淨化。

聽聞館內一年會舉行數次「暖爐點火活動」，我便報名參加了「COEDO啤酒與暖爐」。在我喜歡的建築物裡喝我最愛的啤酒，這個組合實在太令人興奮了。

當天抵達會場時已經有點晚了，餐點剩下不多。在擁擠的人潮中找到位子後，我馬上來一杯啤酒。「COEDO啤酒」是以埼玉縣川越市為主要據點的精釀啤酒廠，現場提供許多種類，每一款的口感都品質穩定又好喝。

在場的客人年齡層偏高，有結伴同行的銀髮族團體、剛下班的上班族女郎3人組、介於30～40歲左右的情侶檔，氣氛和諧自在。雖然大家喝酒的氣勢十足，卻沒有人趁機鬧酒狂歡，大家都是秉持著對這棟建築物的熱愛而來到這裡。現場流淌著長笛與鋼琴的演奏聲，所有人都感到舒適且放鬆，充滿共鳴感。在溫暖的空間與氛圍裡，品味著啤酒與建築之美。

道路另一側的講堂也不容錯過。

◆自由學園明日館 豐島區西池袋2-31-3
https://jiyu.jp/
＊入館費400日圓（含稅）
＊上述介紹的活動為期間限定，今後是否如期舉辦尚未決定。

我坐在一群打扮時髦的大叔們旁邊～
值班人員正在巡視火爐

2樓的食堂。館內每個空間都變身為啤酒會場，小椅子的椅背形狀是六角形，造型相當可愛。

每一種啤酒都新鮮又好喝！
還有推出「評飲組合」，一次喝到不同風味

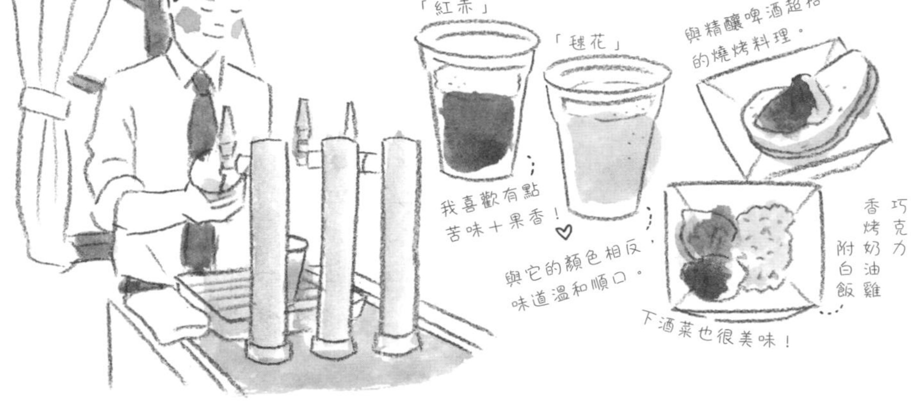
「紅赤」
「毬花」
與精釀啤酒超搭的燒烤料理。
我喜歡有點苦味＋果香！
與它的顏色相反，味道溫和順口。
巧克力香烤奶油雞附白飯
下酒菜也很美味！

同場加映!!

雲雀之丘自由學園

Jiyu Gakuen（雲雀之丘）

位於雲雀之丘的自由學園南澤校區，也是我很推薦的景點。觀賞在小學部舉辦的現場表演後，可以接著參觀被大自然包圍的木造校舍。校內還有對外開放的咖啡廳與商店，春秋兩季會召開招生說明會「南澤festival」，一般民眾皆可自由入內參觀。

小學部的食堂，
每個東西都好可愛。
我學生時期住在這附近，
卻完全不知道有這個
地方。
學生手工製作的托盤
食堂

NISHIOGIKUBO
我♡西荻窪

「DONGURI舍（どんぐり舍）」永遠是我心中排名第一的咖啡廳。

如果問我最喜歡東京的哪一個街區，我會毫不猶豫地回答「西荻窪」。
這個區域幾乎都是獨立經營的特色店鋪，只要繞著這小小的街區打轉，心裡就很滿足。我在這裡度過美好的30世代，直到現在，我與西荻窪仍然有著很深的羈絆。

西荻窪速寫

我住在這裡時的第二代大象。守護商店街30年的時間，在2017年引退，現在於佐渡島度過餘生。
簡樸的第二代是用竹子和紙做成
西荻窪的吉祥物「西象（にしぞう）」，週末時會在車站前出沒。

懸掛在南口「仲通街拱廊」天花板的粉紅大象已經是第三代。一開始是因為祭典用的小孩神轎沒有適合擺放的地方，所以才會掛在上方。

30幾年前第一次造訪西荻窪時，那時我還是一邊看著旅遊雜誌、一邊遊逛的小女孩，當時我就覺得這裡和其他地方不同，空氣中瀰漫著一股類似舊玩具箱的氣味。氣氛看起來平靜祥和，街道卻是充滿著活力。這裡有許多二手書店、平價美味的居酒屋、日式喫茶店、可愛的法式小酒館、古董店、生活雜貨店，獨具特色的小店櫛比鱗次，當作散步地點再適合不過了。

20幾歲時我曾住在鄰近西荻窪的街區，30幾歲時也有長達6年的時間在西荻窪度過，現在仍然有很多朋友住在這裡，我可以說是見證了西荻窪近20年的變化。這幾年西荻窪新開了不少特色商店，週末時也經常看到許多女性朋友成群結伴，來此享受散步樂趣。從前以「輪島之路」著稱的街道，也因為進駐許多時髦小酒館和雜貨店，曾幾何時已被改稱為「乙女之路」。

即使客流量增加了，每間店依舊不流於世俗，一直保有自己的特色。不論你在哪個季節來訪，都可以在西荻窪發現專屬於你的樂趣。

從很久以前開始，我就習慣在「South Avenue（サウスアベニュー）」購入中國茶、二手衣、生活雜貨與其他寶物。

一定可以發現好書的「古書音羽館」。
在百元商品區發現畫家丸木俊的繪本「太陽公公出來吧（でてきておひさま）」

6月的活動「西荻茶散步」時的景象，有參加活動的店家會擺出水壺當作標識。
SOUTH AVE

裝滿了醃芥菜的罐子
每次來都會選擇「Higomonzu（ひごもんず）」這家熊本拉麵店，實在太喜歡。♡

因應季節盛開的花朵，每次經過這家藥局門口都有驚喜。

美味的街道

西荻窪有太多好吃又高水準的自營餐廳，
所以連鎖餐廳業者一直很少在這個區域設點。
今天，你想吃哪一種料理呢？

ピヨトトシャ
PIYOTOTO CHAT
比我更早來到西荻窪這一帶定居的H小姐

可以吃到三種不同國家的料理，菜色每週更換。夫婦倆共同經營的小店裡，擺滿了可愛的雜貨，洋溢著異國風情。

主廚TABASA小姐親手製作的菜餚，是來自各國的媽媽味。
H小姐點的是「烤雞佐德國酸菜」

辛香料氣味濃郁的香菇濃湯
我選擇了波蘭料理，雖然是第一次吃，卻有著另人懷念的味道。
附湯品、沙拉、麵包
1200日圓（含稅）
這道菜是「彩椒與啤酒燉豬肉」，軟嫩的豬肉與馬鈴薯泥入口即化！

◆PIYOTOTO CHAT
（ピヨトトシャ）
杉並區西荻南2-24-17

淺紫色的牆壁搭配上
淡綠色的門，絕妙的配色。

棗 なつめ

棗（Natsume）

老宅改裝而成的咖啡廳，只有在週末營業。在場有單身客也有全家大小一同前來的客人，可以看出這間店深受當地人的喜愛。二樓有販售雜貨喔！

Natsume定食 1100日圓
配菜豐富，燒賣彈牙又多汁♡
馬鈴薯沙拉加入了高麗菜，口感十分爽脆。

◆棗（Natsume）
杉並區西荻北4-35-8

それいゆ

Soreiyu

這間受到當地居民喜愛的咖啡廳，可以說是西荻民眾的精神支柱。由於營業到晚上11點，我經常在喝酒後前來。

滴漏式咖啡的冰滴壺
不分年齡，來到這裡的每個人都感到愜意自在，
對大家來說是很珍貴的祕密基地。

餐點有蛋包飯、咖哩飯等，份量十足又好吃
平日午間套餐附有沙拉、咖啡或紅茶 980日圓（含稅）
口感綿密滑順的「起司咖哩」

◆Soreiyu（それいゆ）
杉並區西荻南3-15-8

店裡的裝潢十分典雅，服務生的動作熟練，可以在這裡舒適享用正統的法式西餐，感受優雅的氛圍。

こけし屋
本館
Kokeshiya
法式肉凍、醃菜等美味前菜
味道濃郁的南瓜濃湯
軟嫩的牛里肌肉
附麵包、甜點、飲料2600日圓（午餐）。
厲害的店長
傳統的木偶娃娃排成一列
說到「Kokeshiya（こけし屋）」就會想到鈴木信太郎。當我盯著裝飾用的原創畫作時，沒想到就收到店家贈送的包裝紙、杯墊和卡片。

◆Kokeshiya
（こけし屋　本館）
杉並區西荻南3-14-6
＊價格不包含服務費

創業於一九四九年的「Kokeshiya（こけし屋）」可以說是西荻窪的代表，這家餐廳最著名的是每個月第二個星期日舉辦的早市。日本發生三一一大地震兩天後的星期日，早市照常營業，在那一刻，我感受到一直與這個街區共生的老店所散發出的氣魄。他們和平常一樣擺出販售美食的小攤位，讓大家感受日常生活，這是多麼鼓舞人心的行為。

每年過生日，我總會預訂這家店的蛋糕，也曾因為工作上的需要，在他們的咖啡廳開會，但是一直沒有造訪本館的法式餐廳。

我和一起經歷西荻窪時代的友人H小姐一時興起，決定去本店看看，意外地度過另人懷念又新奇的時光。一身西裝筆挺、動作老練的店長溫暖的服務，展現了身為西荻窪門面的驕傲與氣勢。

西荻窪是法式小酒館的集散地，這間店在眾多小酒館當中，爽朗大方的待客態度頗具西荻風格，讓人感覺舒服極了。

Bistro Féve
Fève
生魚沙拉
店家自製的麵包簡直是極品
醋漬章魚與柿子，義大利香醋太美味了！
店內總是高朋滿座、充滿朝氣，彷彿來到法國當地的小酒館。
蜂蜜烤小雞，烤雞的外皮十分酥脆
好幾道菜的蔬菜分量多到不可思議，讓我留下深刻的印象，忍不住讚嘆真是一間好店。
1500日圓（含稅）

◆Bistro Fève（ビストロフェーヴ）
杉並區西荻南3-17-6
http://bistrofeve.com/

西荻Salecamane
住在西荻窪的朋友們經常光顧的一家立飲居酒屋。這裡有美酒、佳餚、音樂，最棒的是價格經濟實惠。

西荻
サレカマネ
味噌小黃瓜，超美味！
也有附設座椅區，太棒了！
焗烤蟹黃
含有豐富果汁的檸檬沙瓦
香腸佐油醋醬
這道菜現在由隔壁的2號店「Saresaidosakae（サレサイドサカエ）」提供。

◆西荻Salecamane（サレカマネ）
杉並區西荻北3-20-9

購物天堂

雜貨食堂 六貨
家裡已經有5、6個
這款大象玻璃杯
泰國和越南製的小模具
2個
300日圓
老闆竹內小姐手繪的
玻璃杯和茶葉罐，
可愛到不行。
98日圓
昭和風的水果叉
曾經當作信箱使用的櫃子，
現在也塞滿了小道具。
505日圓
很少見的黑色長筷。
戶外用的折疊式
烤具，好想要…。

從天花板到地板都擺滿了廚房用具，很值得仔細遊逛。
從普通的營業用餐具到東南亞的可愛雜貨，這間店的商品種類繁多、應有盡有。

◆雜貨食堂　六貨
杉並区松庵3-1-11
https://rocca2405.thebase.in/

西荻窪生活雜貨店的水準很高，非常值得推薦。俗稱「古董通」的街道上，曾經聚集許多專賣古董、質感舊物或二手書的店家，現在各種充滿趣味的生活雜貨店也漸漸滲入這條街，讓西荻窪成為好逛好買的「雜貨天堂」。

想要來一趟生活雜貨店巡禮，建議選固定會在六月初舉辦的「西荻茶散步」。這個活動大約有一百個店家參與，店家為了迎接客人還會備好茶水以及特別活動。一手拿著「茶散步」地圖、一邊閒逛，簡直樂趣無窮。

12月的「西荻世界之旅」（ニシオギセカイツアー），則是由12家商店所共同舉辦的展覽銷售會，受委託的12家店會各自擔任一個主題國。每家店都有一個專屬紀念章，一不小心就會沉迷在收集紀念章的活動中。其他還有早市、夜市以及各式各樣專為遊客設計的精彩活動，這個街區的某個角落總是有新鮮事正熱烈進行中。

老闆KITA小姐
我覺得她身上的披肩很好看，沒想到這是小朋友的蘇格蘭裙！

Hin plus

1200日圓

蒙古的刺繡化妝包與人偶鑰匙圈

店內匯集了來自東歐、波羅的海三小國、墨西哥、秘魯、蒙古等國家的精選雜貨，現場好像一場旅遊博覽會。

愛沙尼亞基努島的人偶
烏克蘭的兒童守護人偶3000日圓。

◆**Hin plus**
杉並區西荻北3-3-12
https://hinplus.com/

galerie non

外型可愛又美味的餅乾

店內設有咖啡區，也有種類豐富的手工餅乾

不管是容器、衣服或是設計師的作品，都帶有亞洲和歐洲民族色彩，品味獨到，很適合買來當作禮物。

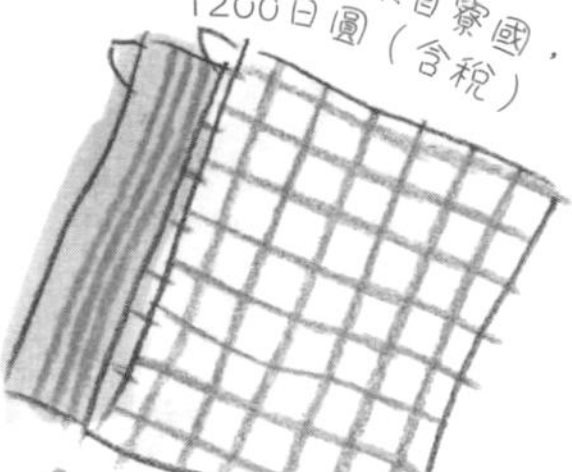
質感極佳的布料來自寮國，1200日圓（含稅）

◆**galerie non**
杉並區西荻北4-3-4美光壹番館101
http://www.batta.co.jp

買了3樣小東西當作伴手禮

京都「中山珈琲焙煎所」的咖啡豆
長野「利久堂」的栗子醬

500日圓（含稅）
巴基斯坦的花形盤

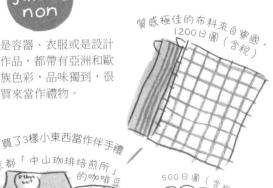

從車站沿著神明大通步行7、8分鐘，就會看到一整排可愛的商店。

TONARINO
cikolata

トナリノ
Tonarino
水果造型的夾子
插畫家SAAYA MASAKI設計的別針
salon+ atelier polka
法國的髮飾
泰國的徽章
1個80日圓
扮家家酒用的杯子，拿來當作迷你版的花瓶。
cikolata
人臉造型耳環
各種創意設計耳環
大石小姐創作的小花瓶
外包裝也很可愛

聚集國內外種類豐富的文具。

店內的後半是美容院，前半擺滿了在俄羅斯與泰國購買的可愛雜貨。

我是設計師大石小姐的鐵粉，超喜歡她獨樹一格的原創服飾與首飾。

◆**Salon+atelier polka**
杉並區西荻南1-18-10
https://salon.atelier-polka.com/

◆**Tonarino（トナリノ）**
杉並區西荻南1-18-10
https://tonarino.ocnk.net/

◆**cikolata**
杉並區西荻南1-18-10
http://cikolatashop.info/

古董通的景象依然存在，這家店以獨到的審美觀，傳授我如何將老舊的物品融入生活中。

たにし 田螺堂

中國的盤子
3500日圓（含稅）

店內鮮花的擺放和陳列方式都可以當作參考。

◆田螺堂
杉並區西荻北4-18-8
https://tanishidou.jimdofree.com/

Loupe

店裡有日本的古玩以及世界各國的可愛生活用品，是我特別喜歡的一間店。Loupe承襲了之前開在車站附近的食品雜貨店「喜久屋」（現已停業）的傳統，在立春時期，會擺上女兒節的「金花糖」（註：一種傳統和菓子，在3月3日女兒節會和娃娃放在一起擺飾。）

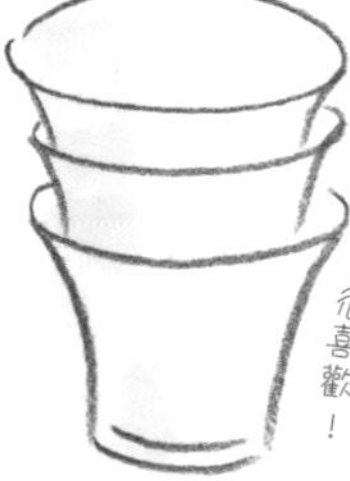

越南的玻璃杯
非常好用，我很喜歡！

我也買了可愛的傳統玩具
各式各樣的鴿形笛～

擺放在小竹籃裡裝飾的金花糖

不管是水果、海鮮或蔬菜，每一個都好可愛，不知如何選擇～。也可以用來裝飾料理。

◆Loupe（ルーペ）
杉並區西荻北3-45-8
PERUSONARA 西荻1-A
http://www.a-loupe.com/

西荻・甜點散步

美味的甜點店和麵包店多到數不清…

清水屋（しみずや）
麵包店的小熊餅乾

來這裡最幸福的，莫過於從整齊排列的玻璃瓶中選出自己想要的餅乾。不管是餅乾或蛋糕，每一口都能品嘗到甜點師堀小姐的用心。

Kies

花生奶油餅乾130日圓（含稅）
THANKS
每咬一口，
全麥麵粉的香氣
便在口中擴散開來
表達謝意的「Thanks餅乾」

口感濕潤的檸檬蛋糕
370日圓
（含稅）

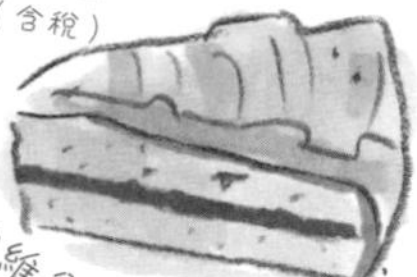
超級可愛的維多利亞海綿蛋糕

◆kies
杉並區西荻北4-35-5中村大樓A
https://www.heyheykies.com/

Tea&
Cake
Grace
450日圓
Grace
滿滿一大壺的
紅茶。

西荻女孩們的人氣蛋糕店。

850日圓
的頂極
享受

最受歡迎的是草莓蛋糕，不過我也很喜歡含有清爽奶油的卡士達蛋糕。

◆Tea&Cake Grace
杉並區西荻南3-16-6
＊草莓蛋糕只在12月～5月的期間限定販售。

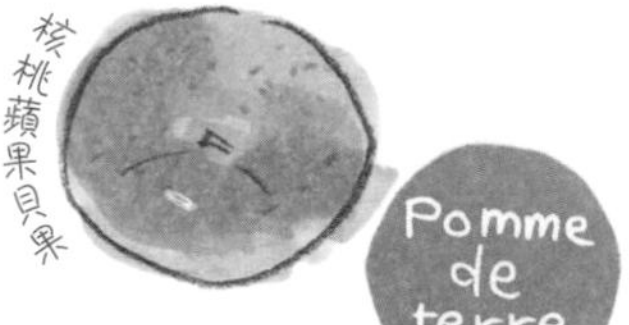
核桃蘋果貝果
Pomme
de
terre

排隊名店，招牌商品是外酥脆、內軟Q的貝果，而超級無敵美味的馬芬也讓我著迷。

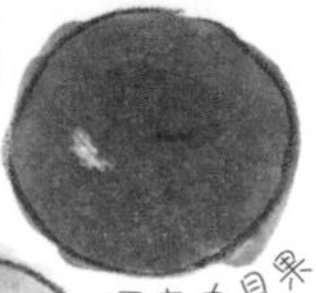
巧克力貝果
250日圓

鬆軟的英
式馬芬

◆Pomme de terre
杉並區西荻北4-8-2-101
http://www.pomme-de-terre.net/

Amy's Bakeshop

紐約風格的甜點店，味道甜而不膩，每一款蛋糕的口感都鬆軟濕潤。

真令人選擇困難…

雙層巧克力
無花果蛋糕
莓果馬芬
390日圓

◆**Amy's Bakeshop**
杉並區西荻北3-13-18 1樓
https://amysbakeshop.com/

えんツコ堂製パン

Entuko麵包店
白神春豐吐司

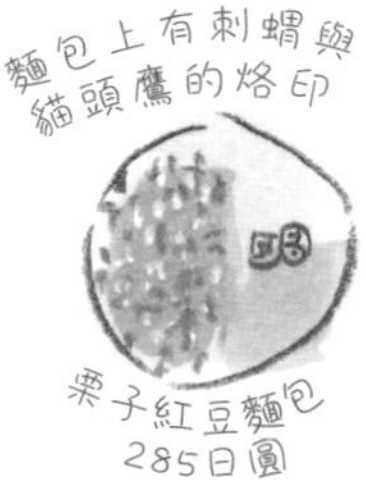
麵包上有刺蝟與
貓頭鷹的烙印
栗子紅豆麵包
285日圓

一家可愛度和美味度都爆表的麵包店，更棒的是還有種類豐富的紅酒，長棍麵包與紅酒絕對是送禮的最佳組合。

ENTUKO

◆**Entuko麵包店**
（えんツコ堂製パン）
杉並區西荻北4-3-4

LA CRÊPERIE

LA CRÊPERIE

這家只能外帶的可麗餅店，外觀就像是巴黎街頭的小攤販。簡單樸實的「奶油砂糖」口味就很好吃，但我個人偏好更濃厚的口味。

◆**LA CRÊPERIE**
杉並區西荻南1-17-7

從窗口能看到
店員專業敏捷
的手法。

NISHIOGI MAP
西荻窪
與朋友結伴同行
散步好開心！
棗
kies
〈古董通〉
田螺堂
龍貓的大樹
Pomme de terre
「SEN」的盤子造型相框
Loupe
清水屋
麵包店
Entuko
麵包店
英國的鉤針娃娃
「URESICA」
的1F是繪本
與雜貨，
2F是藝廊
〈北銀座通〉
galerie non
FALL
（生活用品）
商品豐富，
適合來找禮物
TOM'S BOX
二手書店（繪本）
旅遊書店
Nomad
DONGURI舍
二手書
音羽館
Sarekamane
海南雞飯
夢飯
LA CRÊPERIE
西荻Itochi
紅茶與木偶
娃娃專賣店
Saresidosakae
Amy's Bakeshop
Higomonzu拉麵
Bistro Fève
今野書店
kokeshiya
本館
和田誠設
計的招牌
派出所〈北口〉
Hin plus
西友
西荻窪站
〈南口〉
→新宿
Niwatori文庫
（二手書）
South Avenue
364
廚房用品與食品
粉紅大象
Soreiyu
Tea & Cake Grace
就算預算有限
也能做出一束
有品味的花
Kokeshiya
別館（早市）
〈乙女之路〉
〈神明通〉
柴魚片與其他調味料
PIYOTOTO CHAT
El Sur
松庵文庫（咖啡廳）
輪島健身房
BREWBOOKS
書與精釀啤酒
Amaikko
（甜食）
Salon+
atelier polka
cikolata
Chinto
家庭風味的
中華料理
每年夏天必吃
的草莓牛奶紅
豆冰！
Cafe Orchestra
咖啡廳
在寬敞的老房子
裡品茶、享受餐
點和購物。
很受歡迎的
香料咖哩超
美味！
Tonarino
六貨
〈五日市街道〉

同場加映!!

復古霓虹喫茶店gion

gion（阿佐谷）

說到我目前居住的區域阿佐谷，如果只能介紹一家我最喜歡的店，那就是咖啡廳「gion（ギオン）」。店內的櫃檯區點著80年代感的藍色燈光，映照在四周的粉色牆壁上，搭配上法國戈布蘭編織坐墊的夢幻座位，呈現出一種與眾不同的氛圍。不論是窗邊的人造花懸掛區，或是服務生身上宛如女僕裝的制服，都展現了店家的絕佳品味。推薦經濟實惠的早餐或拿坡里義大利麵，十分美味。

店家最大的特色之一是這個「鞦韆椅座位」。
不過坐在上面可能會有點暈……。

散步寫真館

如果要拍攝店內照片，務必事先取得店家同意。這是藏前的咖啡廳「from afar」。

散步時我不帶相機，本書照片都是用手機快速拍照。上圖是在「根津美術館」（P68）。

看到不錯的景點就「咔嚓」一聲拍下來。這是外觀氣派的淺草澡堂「曙湯」，5月時會搭上美麗的紫藤花棚。

將散步時購買的東西拍起來，是一種很棒的記錄方式。上圖是在吉祥寺的「Musline（モスリン）」生活用品店。

與清晨寧靜的公園一樣，漫步在非夜晚的酒吧區也是另一種樂趣。這是新宿的黃金街。

具有季節性的景點，建議可以避開人潮擁擠的旺季。12月的神宮外苑，花朵凋謝時的風景也很美麗。

散步途中，隨手拍下的人事物&風景……

我對磁磚情有獨鍾，看到磁磚老舊的大樓就忍不住拍下來。這裡是新宿歌舞伎町。

這扇漂亮的櫥窗讓我忍不住按下快門，位在西荻窪小巷子裡的手工藝品店。

新木場的「CASICA」，由大型倉庫改裝而成的選品店，店裡有咖啡廳、生活雜貨和質感物，女兒也逛得很開心。

帶小孩外出時也不忘自己的興趣。去葛西臨海公園（P24）時，在前一個車站中途下車逛逛……

田原町「Fu-ko服飾店」（P31）的超可愛神壇，店裡漂亮的裝潢充滿讓人想要模仿的小巧思。

看到很棒的插花方式就拍下來當作參考，這是西荻窪「松庵文庫」咖啡店的聖誕玫瑰。

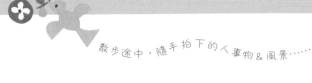

散步新東京的旅程，未完待續……
學藝大學周邊有許多可愛店家，氣氛十分悠閒，也是我想要放到書中的其中一個街區。
壯麗的碑文谷教堂，每年5月都會舉辦慈善拍賣會
夏季限定的摩卡霜淇淋「MATTER HORN」，明年夏天還想吃！

散步的尾聲

上次出版東京旅遊繪本書《東京假期》是在二〇〇三年，
完成這本《散步新東京》是在二〇二〇年。
這17年以來，東京發生了很大的改變。
例如，表參道上一度岌岌可危的「同潤會青山公寓」、
已拆除並翻新中的舊原宿車站、築地市場搬遷到豐洲、
淺草的「Angelus」與神田神保町的「Suito Pozu」，
已經關門或搬遷的店鋪多到數不清。
這段期間我也結婚生子，
婚後一度搬到東京的東半部，後來又搬回西半部，
生活樣態也因為搬家發生了不小的變化。

有時候看到某個地方因為都更而變得時髦新潮，
心裡不免感到有些惆悵。
但是東京就是一座不斷與時俱進的城市，
不論是極富魅力的新景點，或是充滿歷史印記的老店，
人們永遠可以在這裡找到樂趣。

立教大學池袋校區，
有爬滿常春藤的美麗建築。
可愛的小教堂。到了聖誕季，
門口的喜馬拉雅紅杉就會變身為
巨大的聖誕樹。

I ♡ 中央線 FOREVER
高圓寺的「Cocktail」書房，有二手書和超美味的下酒菜。菜單是手寫在稿紙上。
「中原中也氣泡酒」（失戀的滋味）

因為要兼顧家庭與工作，這幾年我很少外出閒逛，
所以我很享受這段為自己散步的時光。
我感慨地與經常跟我一起散步的搭檔H小姐說：
「不管到幾歲，還能這樣自由出來散步，是多麼令人開心的事」。
雖然已經在東京生活了40年，但是沒有去過的地方還有很多、很多。
我的東京旅程尚未完成，散步之旅也會一直繼續下去。

這次出版過程中遇上新冠肺炎，
可以說是一個難忘的經驗。
雖然採訪順利完成，但我同時也很擔心，
那些我喜歡的店家或景點，是否會就此消失不見。
可以自由外出的機會突然被剝奪，
反而更加深我對這些店家的思念。
我期待著，能夠安心走在街上的日子能趕快到來。
祝大家都能有一個美好又愉快的散步之旅！

台灣廣廈國際出版集團
Taiwan Mansion International Group

國家圖書館出版品預行編目（CIP）資料

散步新東京：9大必去地區×158個朝聖熱點，內行人寫給你的「最新旅遊地圖情報誌」/ 杉浦爽著；徐瑞羚翻譯. -- 初版. -- 新北市：蘋果屋出版社有限公司, 2022.10
面；　公分
ISBN 978-626-96427-0-0 (平裝)
1.CST: 旅遊　2.CST: 日本東京都

731.72609　　111012832

蘋果屋
APPLE HOUSE

散步新東京

9大必去地區×158個朝聖熱點，內行人寫給你的「最新旅遊地圖情報誌」

作　　者／杉浦 爽
翻　　譯／徐瑞羚
編輯中心編輯長／張秀環・編輯／周宜珊
封面設計／曾詩涵・內頁排版／菩薩蠻數位文化有限公司
製版・印刷・裝訂／東豪・弼聖・明和

行企研發中心總監／陳冠蒨
媒體公關組／陳柔彣
綜合業務組／何欣穎
線上學習中心總監／陳冠蒨
數位營運組／顏佑婷
企製開發組／江季珊

發 行 人／江媛珍
法 律 顧 問／第一國際法律事務所 余淑杏律師・北辰著作權事務所 蕭雄淋律師
出　　版／蘋果屋
發　　行／蘋果屋出版社有限公司
地址：新北市235中和區中山路二段359巷7號2樓
電話：（886）2-2225-5777・傳真：（886）2-2225-8052

代理印務・全球總經銷／知遠文化事業有限公司
地址：新北市222深坑區北深路三段155巷25號5樓
電話：（886）2-2664-8800・傳真：（886）2-2664-8801
郵 政 劃 撥／劃撥帳號：18836722
劃撥戶名：知遠文化事業有限公司（※單次購書金額未達1000元，請另付70元郵資。）

■出版日期：2022年10月
ISBN：978-626-96427-0-0
■初版3刷：2023年05月

NEW TOKYO
HOLIDAY

NEW TOKYO
HOLIDAY